Inhalt

Kick den Ballast raus!

Von Sisyphos und drei freien Wünschen

Computergenie und Multimilliardär Bill Gates antwortet auf die Frage nach seinem Erfolgsgeheimnis: »Ich konzentriere mich auf das Wesentliche.« Dazu lächelt Mr. Microsoft sein unnachahmliches Jungen-Lächeln … Klug gesagt – doch schwer zu schaffen. Denn der tägliche Lebenskampf hält Sie (und mich) perfekt im Würgegriff.

Rette sich, wer kann ...

Früher Morgen, der Wecker klingelt. Noch sind die Augen schwer vom Schlaf, schon ist der Job im Kopf: Werde ich heute alle Termine bewältigen? Die Präsentation fertig bekommen? … Schnell einen Kaffee runterschütten – und auf in den Kampf! In den Kampf um Erfolg, Anerkennung, Karriere. Um Minuten im täglichen Terminterror.

Info-Overkill im Kopf

Während Sie am linken Ohr per Festnetz telefonieren, schrillt das Handy. Überquellende Mailboxen, voll gestopfte Schubladen, kreatives Chaos auf Ihrem Schreibtisch, ein prallvoller Terminkalender: Sie sind voll im Sog der Info-Gesellschaft, zwölf Stunden pro Tag.

Genug ist nie genug

Nie genug Zeit, um endlich sagen zu können: Für diese Woche habe ich es definitiv geschafft. Nein, weiter geht's: Samstagvormittag rasch einkaufen, dann ins Fitness-Studio. Sie wollen schließlich mithalten im Wettbewerb der Attraktiven, Erfolgreichen. Und tun Ihr Möglichstes, um die ersten Fältchen zu retuschieren, die sanft mahnen: Die Lebenszeit ist nicht unendlich bemessen …

Und dazu noch das Wohlstandsgerümpel

Wenn Sie endlich mal daheim die Beine hochlegen, dann tun Sie das in einem stilvollen Ambiente. Ihre Wohnung: geschmackvoll eingerichtet, mit netten Erinnerungsstücken. Zugegeben: Da hat sich einiges angesammelt, das seinen Zweck längst erfüllt hat. Auch Bücher, die Sie aus Zeitmangel nur »anlesen«. Oder CDs, die Sie eigentlich nicht mehr hören. Kleider, die Sie nie anziehen. Brauchen Sie all das? Was davon lieben Sie wirklich, worauf könnten Sie gut verzichten? Der materielle Überfluss vernebelt nur noch Ihren Blick.

Lächeln adieu

Irgendwann verschwindet das Lächeln von Ihrem Gesicht. Denn: Sie funktionieren perfekt, Sie sind erfolgreich, Sie haben alles – fast alles: außer Ruhe, außer Gelassenheit, außer Glück.
Plötzlich erscheint Ihnen das ganze Leben als Ballast, der Sie runterzieht. Und ein Traum nimmt Gestalt an: Wie wäre es eigentlich, sich von alldem zu trennen? Info-Ballast abzuwerfen? Sich von unnötigem Wohlstandsgerümpel zu befreien?

Das Ende der Ballast-Society

Nach einer Untersuchung des Hamburger Zukunftsinstituts von Matthias Horx haben sich 50 Prozent der US-Bürger in den letzten Jahren gegen eine weitere Karriere entschieden. Für mehr Einfachheit, für Familie und echte Freunde, für privates Glück. Amerikanische Zeitschriften wie »Real Life« oder »Simplicity« boomen. Sie sind Speerspitze einer neuen Bewegung. Ihre Botschaft: Einfach leichter leben. Ballast abwerfen. Mit Leichtigkeit glücklich sein. – Das können Sie auch. Vereinfachen Sie Ihr Leben. Sie müssen es nur tun. Jetzt.

Ihr Weg ins Glück

➤ Der erste Schritt: Sagen Sie bedingungslos »Ja!« zu Ihrem Ballast-weg-Projekt. Geben Sie sich das Versprechen: Ab sofort räume ich inneren und äußeren Müll konsequent aus meinem Leben (Seite 9).

➤ Zweiter Schritt: Bekommen Sie Ihre kostbare Lebenszeit in den Griff. Zeigen Sie Zeitfressern die Zähne (ab Seite 12).

➤ Drittens: Werfen Sie auch äußeren Ballast aus Ihrem Lebens-Raum, denn Gerümpel blockiert Sie (ab Seite 22).

➤ Viertens: Entlarven Sie Energievampire und verjagen Sie die Lebenskraft-Sauger (ab Seite 28).

Dann spüren Sie die Leichtigkeit des Seins und erfahren: Glück ist ganz einfach.

Das Sisyphos-Syndrom

Sie war die Königin der Laufstege. Von Millionen Frauen beneidet, von Millionen Männern begehrt: Kate Moss. Wenn sie über die Catwalks stolzierte, schien sie das große Glückslos gezogen zu haben. Sie jettete von Mailand über Paris nach Tokio, hetzte vom Fotoshooting zur nächsten Show und von da zur Glamour-Party. Dann kam der Zusammenbruch: Zu viele Termine, zu viele Gläser Champagner, ständiger innerer und äußerer Druck hatten sie in den psychischen und physischen Ruin getrieben. Heute hat sie ihre innere Balance wiedergefunden – nach monatelanger psychiatrischer Behandlung in einer Klinik.

Viele von uns stehen in ähnlicher Weise auf der Kippe – ohne sich das einzugestehen. Denn wenn eine ständige Infoflut den Kopf überquellen lässt, wenn Termine den Pulsschlag dauernd nach oben treiben, das Karussell des Nichterledigten sich immer schneller dreht: Dann ist irgendwann Schluss.

Rackern wie der Sagenheld

Ärzte haben für diesen Erschöpfungszustand einen neuen Begriff geprägt: »Sisyphos-Syndrom«.
Benannt nach dem griechischen Sagenheld Sisyphos. Der wurde von den Göttern dazu verdonnert, einen Felsbrocken immer wieder den Berg hinaufzurollen. Wenn der Fels fast oben war, gewann die Schwerkraft die Oberhand – und rollte ihn an den Ausgangspunkt zurück. Der arme Sisyphos muss seine sprichwörtliche Sisyphosarbeit bis in alle Ewigkeit fortsetzen.
Hand aufs Herz: Erkennen Sie sich nicht ein wenig wieder im armen Sisyphos? Tragen Sie nicht auch oft schwer an Ihren Lasten?

Kaum ist ein Stapel abgearbeitet, ist der nächste schon bedrohlich angewachsen – Sisyphos lässt grüßen ...

Die Warnzeichen

Die gute Nachricht: Ein Zusammenbruch kündigt sich an. Nehmen Sie also die Warnzeichen ernst, die der gestresste Körper und der überstrapazierte Geist Ihnen schicken. Dazu gehören:

Reizbarkeit

Schon bei kleineren Konflikten sehen Sie rot oder rasten völlig aus. Auch in Ihrer Beziehung sind Sie häufig reizbar und unkontrolliert.

Stress-Essen

Sie widmen lukullischen Genüssen keine große Aufmerksamkeit mehr. Schlingen die Mahlzeiten oft am Computer runter. Achten wenig auf Ihr Gewicht, setzen Speck an.

Magenprobleme

Der Dauerstress erhöht die Säureproduktion des Magens. Folgen sind häufiges Völlegefühl, Magendrücken, saures Aufstoßen, Sodbrennen.

Zähneknirschen

Unter Dauerdruck beißen viele Menschen unbewusst ständig die Zähne zusammen. Vor allem nachts knirschen sie heftig mit den Zähnen. Effekt: Der Zahnschmelz bekommt Risse, im Laufe der Zeit werden die Zähne regelrecht runtergehobelt.

Nackenkrämpfe

Sie spüren die innere Anspannung oft zuerst im Nacken. Die hinteren Halsmuskeln spannen sich an: Der Zeitdruck sitzt Ihnen eben im Nacken. Eine Folge kann Spannungskopfschmerz sein.

Immunschwäche

Häufig erkältet, ständig schwächelnd? Auch daran kann Dauerstress schuld sein. Er erleichtert es Erregern, Ihre Immunabwehr zu überwinden. Deshalb neigen Sie zu Infekten, wenn der Terminkalender wieder aus den Nähten platzt.

Libidomangel

Wer den Kopf voll hat, dessen Sexleben liegt oft lahm. Denn der Körper produziert dann mehr Stresshormone und weniger Geschlechtshormone. Bei Männern unter Zeit- und Erfolgsdruck kommen zur Un-Lust noch Potenzprobleme hinzu. (Angeblich sind Porschefahrer die schlechtesten Liebhaber.)

Test

Sind Sie ein Sisyphos-Kandidat?

Beantworten Sie die Fragen auf dieser Seite bitte ehrlich und selbstkritisch. Der Test kann Ihnen einen guten Anhaltspunkt dafür geben, ob Sie gefährdet sind, unter Ihren Lasten zusammenzubrechen.

- ☐ Kommt es vor, dass Sie sich auf die Arbeit stürzen und dann gar nichts zustande kriegen – der Kopf ist wie leer gefegt?
- ☐ Nehmen Sie sich Arbeit mit ins Wochenende, in den Urlaub, ja mit ins Bett?
- ☐ Arbeiten Sie mehr als 40 Stunden pro Woche?
- ☐ Ist Ihr Job das, wovon Sie am liebsten sprechen, auch mit Freunden oder Ihrem Partner?
- ☐ Machen Sie sich Sorgen um die Zukunft, neigen Sie zum Schwarzsehen?
- ☐ Werden Sie ungeduldig oder gereizt, wenn jemand außer Arbeit noch andere Dinge wichtig nimmt?
- ☐ Unterschätzen Sie den Zeitbedarf von Projekten und hetzen Sie von einem Termin zum nächsten?
- ☐ Übernehmen Sie zusätzliche Jobs, weil Sie fürchten, sonst werde die Arbeit nicht ordentlich erledigt?
- ☐ Haben Ihr Partner, Ihre Familie, Ihre Freunde es aufgegeben, Sie pünktlich zu erwarten?
- ☐ Arbeiten Sie auch während Ihrer Mahlzeiten?
- ☐ Werden Sie grantig, wenn jemand Sie bittet, Ihre momentane Tätigkeit zu unterbrechen?
- ☐ Mischen Sie sich immer wieder in die Dinge anderer ein, auch wenn die Sie eigentlich gar nichts angehen?
- ☐ Sieht es auf Ihrem Schreibtisch meist chaotisch aus?
- ☐ Horten Sie auch in Ihrer Wohnung Dinge, die Sie eigentlich nicht benutzen und auch in Zukunft nicht brauchen werden?
- ☐ Sind Sie häufig der Letzte im Büro?
- ☐ Haben Sie inzwischen keine Hobbys mehr, bei denen Sie rundum abschalten können?
- ☐ Würden Sie eigentlich gern länger, mehr, vor allem aber erholsamer schlafen?
- ☐ Finden Sie kaum Zeit für einen Urlaub oder eine längere Erholung?
- ☐ Trinken Sie oftmals einige Gläser Bier oder Wein, um überhaupt abschalten zu können?
- ☐ Haben Sie das Gefühl, nie fertig zu werden?

Wenn Sie mehr als drei Fragen angekreuzt haben, sind Sie ein klassischer Kandidat fürs Sisyphos-Syndrom.

Sag »Jaaa«!

Was ist das Entscheidende, wenn Sie erfolgreich den Mount Everest besteigen wollen? Optimales Training, perfekte Ausrüstung, erklären die Bergfexe. Der erste Schritt, meinen die Philosophen. Stimmt alles. Entscheidend aber ist Ihr bedingungsloses »Jaaa!«. Ein Versprechen, das Sie sich selbst geben und um jeden Preis einlösen. Das braucht auch Ihr Ballast-weg-Projekt. Nur wenn Sie dem Ziel, von jetzt an einfacher, klarer, befreiter zu leben, höchste Priorität einräumen, werden Sie es schaffen.

Kleines Ritual: Die fünf Jas zum neuen Leben

➤ Setzen Sie sich ganz bequem hin, finden Sie einige Minuten lang innere Ruhe. Dann stellen Sie sich genau vor, wie Ihr Leben aussehen wird, wenn Sie lustvoll inneren und äußeren Ballast abgeworfen haben. Spüren Sie intensiv, wie frei, leicht und klar Sie sich fühlen werden. Dann sagen Sie laut und deutlich zu sich selbst:

1. Ja, ich will klarer und einfacher leben.
2. Ja, ich will das Wesentliche von nur scheinbar Wichtigem unterscheiden.
3. Ja, ich will Zeitfressern die Zähne zeigen.
4. Ja, ich will das Gerümpel aus meinem Leben werfen.
5. Ja, ich will Energievampiren die Stirn bieten.

Damit tun Sie etwas ganz Entscheidendes: Sie schicken Ihrem Unbewussten eine klare Botschaft.

Erste Schritte

Gehen Sie nun Ihre ersten konkreten Schritte in ein ballastfreies Leben.

➤ Schwamm drüber

Von jetzt an richtet sich Ihr Blick in die Gegenwart und Zukunft. Über Schnee von gestern zu grübeln bringt Sie nicht weiter, sondern macht nur schwer und trübsinnig.

Ja sagen, Fenster putzen ... erste Schritte in ein befreites Leben.

Wenn Sie wieder mal wegen Fehlern, Zurückweisungen, Niederlagen hadern, dann sagen Sie innerlich laut »Stopp!« und richten Ihre Aufmerksamkeit mit allen Sinnen auf das, was jetzt gerade ist.

➤ Fenster putzen

Verschaffen Sie sich Durchblick. Erster Schritt: Putzen Sie die Fenster Ihrer Wohnung, lassen Sie Licht und Sonne hinein. Das tut auch der Seele gut: Der Körper schüttet unter Lichteinfluss nämlich das Glückshormon Serotonin aus.

➤ Staub wischen

Nicht nur in der Wohnung, sondern in Ihrem Tagesablauf. Schon am Morgen können Sie Ihren Tag spannender gestalten, wenn Sie verstaubte Gewohnheiten ablegen. Laufen Sie durch den Park, steigen Sie erst an der Haltestelle danach in die U-Bahn.

➤ Ausmisten

Nicht nur die speckige Jeans. Auch für Freundschaften, die keine mehr sind, haben Sie keinen Platz. Wenn eine alte Freundin, die Ihr Intimleben mal besser kannte als Sie selbst, heute nur noch von Fertighaus und Elternsprechtagen redet: Vereinbaren Sie eine Sendepause. Prüfen Sie, ob Ihnen dann wirklich etwas fehlt. Wenn nicht, kappen Sie die Leine. Das ist hart, aber ehrlich.

➤ Die Fünfer-Liste

Machen Sie einen Plan fürs nächste Halbjahr. Entscheiden Sie sich für genau fünf Ziele, die Sie in dieser Zeit erreichen wollen. Teilen Sie den Weg dorthin in Portionen.

Traumreise:

Lassen Sie los ... aber was?!

Lebensträume beflügeln und geben Kraft. Für Kinder sind sie selbstverständlich: Sie wollen König oder Prinzessin werden, Schauspieler, Tänzerin ... Als Jugendlicher peilt man ein erfülltes und spannendes Leben an. Oft bleibt im Erwachsenenalltag nicht viel von den alten Träumen. Pflicht und Routine vertreiben sie in die hinterste Ecke unserer Seele. Aber das müssen Sie nicht hinnehmen – denn Tagträume zeigen Ihnen den Weg zu Ihren individuellen Lebenszielen.

Die Macht der Fantasie

Unser Unbewusstes weiß sehr genau, was wir zum Glücklichsein brauchen. Oft eröffnet es sich uns nur im Traum. Aber auch in Tagträumen und in intensiven Fantasien finden wir Zugang zu dieser inneren Weisheit. Wenn Sie sich entscheiden, in Ihrem Leben Ballast abzuwerfen, können Ihnen daher Traumreisen den Weg zeigen, der für Sie der richtige ist.

➤ Setzen Sie sich in einen ruhigen Raum. Sorgen Sie dafür, dass Sie durch nichts gestört werden können. Kein Telefon, keine Klingel. Schließen Sie die Augen, atmen Sie tief und ruhig und entspannen Sie sich.

Der Millionen-Coup

➤ Stellen Sie sich vor, Sie seien plötzlich reich. Vielleicht eine Erbschaft, ein Lottogewinn. Wie sähen die nächsten Tage aus? Würden Sie sofort aufhören zu arbeiten? Oder würde Sie dann bald die Langeweile einholen? Wo würden Sie weitermachen wie bisher? Was würde sich in Ihrem Privatleben ändern? Würden Sie häufiger Einladungen geben? Würden Sie

Stellen Sie sich vor, Sie seien plötzlich reich, Sultan oder Weltreisende ... Auf Traumreisen können Sie den Weg zu Ihren Lebenszielen finden.

sich ganz neue Freundes- und Bekanntenkreise erschließen?

Sultanspalast

➤ Sie sind Sultan eines riesigen, prachtvollen Reiches geworden. Viele Menschen bitten um Audienz. Als allmächtiger Herrscher können Sie sich aussuchen, wen Sie vorlassen und wen nicht. Sie entscheiden völlig selbstherrlich und ohne Begründung, wer vorsprechen darf, wie lange, wer mit Ihnen am Festmahl teilnimmt, wer draußen warten muss. Und wer nie Zutritt zum Palast erhält. Wem würden Sie Audienz gewähren? Danach wissen Sie besser, welche Menschen Ihnen wirklich am Herzen liegen.

Robinson Crusoe

➤ Nicht mehr sehr originell, aber aussagekräftig: Stellen Sie sich vor, Sie müssten ein Jahr lang auf einer einsamen Insel leben. Welche Dinge würden Sie unbedingt mitnehmen? Was würden Sie vermissen? Auf welche Dinge, auf welche Situationen und Personen könnten Sie gut und gern verzichten? Wovon würden Sie sich geradezu befreit fühlen?

Luxusreise

➤ Sie gewinnen eine sechswöchige Weltreise mit jedem erdenklichen Luxus. Sie reisen mit unbeschränktem Gepäck und den Menschen Ihrer Wahl. Was befände sich unbedingt in Ihren Koffern? Wer dürfte Sie begleiten, wer würde vergeblich darum betteln? Welche Orte würden Sie ansteuern, welche Gefühle würden Sie dort suchen: New York mit seinem pulsierenden Leben? Einen sonnigen Traumstrand mit dem Salzgeruch des Ozeans? Ein tibetanisches Kloster mit seiner überwältigenden Stille?

➤ Und dann ziehen Sie aus Ihren Fantasiereisen die Konsequenz. Bauen Sie nach und nach Ihr Leben so um, als hätten Sie die Fantasie-Situationen bereits erreicht. Denn jetzt spüren Sie viel deutlicher, was Ihnen wichtig und was nur Ballast ist.

Zeigen Sie Zeitfressern die Zähne!

Wir gehen mit ihr um, als gäbe es sie im Überfluss. Dabei ist sie in Wahrheit knapp bemessen und unendlich kostbar – unsere Lebenszeit. Oft steckt hinter der täglichen Zeitverschwendung die Unfähigkeit, sich selbst (und die Umwelt) zu organisieren. Doch Sie können lernen, Zeiträuber auszuschalten. Und Sie gewinnen etwas sehr Wertvolles: Lebenszeit – Zeit fürs Glück.

Entlarven Sie die Lebenszeit-Diebe

Quasselstrippen …

Sie überfallen arglose Mitmenschen auf dem Flur. Ganz Dreiste setzen sich einfach in Ihr Büro und beginnen ungefragt, alles Mögliche zu erzählen. Zeitdiebe. Quasselstrippen. Schnattertanten. Sie klauen Ihnen wertvolle Lebenszeit. Dem können Sie leicht einen Riegel vorschieben. Denn wer sagt eigentlich, dass Sie jederzeit für alle zu sprechen sein müssen? Planen Sie täglich eine Audienzstunde ein, in der Sie dann auch unbedingt zu sprechen sind. Aber nur dann. Wenn jemand ungebeten auf Sie einredet – auch am Telefon –, sagen Sie ein lautes, deutliches »Stopp!«. Fallen Sie dem Zeitfresser ruhig ins Wort und sagen Sie höflich, aber deutlich: »Im Moment arbeite ich an etwas anderem. Aber ich habe um 15.00 Uhr Zeit für Sie …«

Damit ist allerdings nur ein Miniproblem gelöst. Denn der wichtigste (und gierigste) Zeitdieb sind Sie selbst.

… und Selbstgebackenes

Zeitdieb 1: Kreatives Chaos

Nicht nur das Durcheinander auf Ihrem Schreibtisch ist damit gemeint, sondern auch die innere Unordnung in Ihrem Tagesablauf. Wer sagt, ihm kämen im größten Chaos die besten Ideen, der lügt – meist sich selbst was vor. Nur wer den Tag und die Aufgaben strukturiert, kann sie lässig bewältigen.

Zeitdieb 2: Aufschieberitis

Der erfolgreichste Zeitfresser. Sogar der Schriftsteller und Nobelpreisträger Ernest Hemingway meinte, er könne nur unter Druck so richtig gut arbeiten. Viele von uns glauben das auch – und schieben die Dinge erst einmal vor sich her. Die Gründe dafür sind psychologisch vertrackt. Nur die Einsicht ist simpel: Aufschieben bringt nichts. Die (noch so unangenehmen) Dinge lösen sich durch Aufschieben nämlich leider nicht in Luft auf.

tipp:

Aufschieberitis – Gründe & Gegenmittel

➤ Trockenkost. Die Aufgaben sind so trocken, dass nichts reizt, sie zu erledigen. Gegenmittel: Bündeln Sie solche Aufgaben. Dann haben Sie hinterher mehr Zeit für interessante Dinge.

➤ Nervenqual. Die Aufgabe nervt, ist unangenehm, fordert harte Entscheidungen. Gegenmittel: Packen Sie solche Aufgaben als Erstes an. Je weiter Sie kommen, desto mehr verfliegt der Horror. Zerlegen Sie einen komplizierten Job in kleine Schritte.

Zeitplanung und To-do-Liste: ja – aber realistisch!

Zeitdieb 3: Verzetteln

Sie wollen eigentlich ein neues Projekt planen. Vorher sehen Sie allerdings noch kurz durch die E-Mails, schauen noch rasch auf einen Smalltalk beim Kollegen herein, telefonieren noch ein wenig durch die Gegend … Der Vormittag ist hin. Dann wird wohl wieder eine Abendschicht fällig. Gegenstrategie: Erledigen Sie in jeder Tageshälfte eine halbe Stunde lang nur »Nebensächliches«. Danach widmen Sie sich wieder den wichtigen Tageszielen.

Zeitdieb 4: Die Perfektionismus-Falle

Sie wollen etwas (oder alles …) besonders gut machen. Sonst fangen Sie gar nicht erst an. Dahinter steckt auch ein gewisser eitler Narzissmus. Sie wollen für Ihre einzigartige Leistung gelobt, ja geliebt werden. Schöner Unsinn. Tun Sie die Dinge, die getan werden müssen, sofort. Auch wenn sie dann nicht perfekt sind.

Zeitdieb 5: Das Lastesel-Syndrom

Sie wollen ganz besonders viel schaffen. Sie packen sich den Tag so voll, dass alles gar nicht zu schaffen ist. Dann schwanken Sie zwischen der Euphorie, Grandioses zu leisten, und depressivem Ausgepowertsein. Beides Mist. Besser: Packen Sie den Tag nur zu 70 Prozent voll mit Aufgaben, und planen Sie von vornherein 30 Prozent Reservezeit als Puffer für Unvorhergesehenes ein. Und dann legen Sie los.

Die richtige Strategie

So managen Sie sich selbst

Nur wer plant, gewinnt – kostbare Lebenszeit. Bereiten Sie deshalb jeden Tag systematisch vor. Und zwar nicht am Abend zu Hause (die Zeit gehört Ihnen, Ihren Freunden, Ihrer Familie), sondern am Vorabend im Büro.

➤ **Hitliste:** Erstellen Sie eine Hitliste der To-Dos. Vergeben Sie Wichtigkeitsnoten von Eins bis Sechs. Arbeiten Sie pro Tag nur an einer Einser-Aufgabe. Die aber bringen Sie unbedingt zu Ende. Dann bleibt Zeit für ein paar Zwei-bis-Drei-Jobs. Noch unwichtigere Dinge gehen Sie nur an, wenn Sie sonst Löcher in die Luft starren würden.

➤ **Formkurve:** Arbeiten Sie nach Ihrer persönlichen Formkurve (siehe Kasten). Erledigen Sie in Ihren schwachen Stunden die Post und Routineaufgaben. Wenn Sie zwischendurch müde werden, dann machen Sie eben Pause. Dafür sind Sie in den Hellwach-Phasen schneller und leistungsstärker.

➤ **Gehen Sie durchs Ziel:** Gewöhnen Sie sich an, immer durchs Ziel zu gehen – egal, wie nervig die Aufgabe auch ist. Bringen Sie zu Ende, was Sie angefangen haben – oder lassen Sie es lieber gleich. Denn wenn Sie stundenlang über etwas brüten und es dann unerledigt zurücklegen, war das reine Energie- und Zeitverschwendung.

info:

NUTZEN SIE IHRE »MÜHELOS-PHASEN«!

Vieles wird Ihnen leichter fallen, wenn Sie es gemäß der natürlichen Tagesformkurve tun, die von der inneren Uhr gesteuert wird.

➤ **7–9 Uhr:** Warmlaufen. Dies ist die beste Zeit, die Aufgaben und Abläufe des Tages zu planen. Ihr Geist ist bereits wach, die Phase der Maximal-Power kommt aber noch.

➤ **10–12 Uhr:** High Noon. Jetzt sind Sie topfit. Die Ideen sprudeln, Herausforderungen meistern Sie spielerisch. Deshalb: Diskutieren Sie, fighten Sie für Ihre Ideen. Das fällt Ihnen jetzt leicht. Und Ihr Kurzzeitgedächtnis läuft ganz easy auf Hochtouren.

➤ **12–15 Uhr:** Kreativ-Pause, Nachmittagstief. Wer jetzt rackert, lädt sich damit unnötigen Ballast auf. Legen Sie Routinejobs in diese Zeit, beantworten Sie Mails. Und gönnen Sie sich zwanzig Minuten Power-Schlaf im Büro (wirkt Wunder).

➤ **Ab 15 Uhr:** Zweite Hoch-Zeit. Noch mal voll durchstarten. Denn ab drei steigt die Leistungskurve wieder.

➤ **Ab 19 Uhr:** Lust-Zeit. Tun Sie nur noch, wozu Sie Lust haben. Arbeiten nur dann, wenn Ihnen danach ist. Ansonsten: relaxen, durchatmen, zu sich finden.

➤ **Bündel schnüren:** Bündeln Sie gleichartige Aufgaben. Erledigen Sie E-Mails, Telefonate, Post auf einen Schlag. Was Sie innerhalb der geplanten Frist nicht schaffen, kommt morgen dran.

➤ **Mail-Mauer:** Errichten Sie eine Schutzmauer gegen die E-Mail-Flut. E-Mails gehen den ganzen Tag ein. Wenn Sie immer auf alle reagieren wollten, müssten Sie ganztägig Mail-Beantworter werden. Richten Sie sich ein fixes Zeitfenster fürs Beantworten ein. Als »wichtig« gekennzeichnete Mails sollten es auch sein. Wer zweimal beim Mogeln ertappt wird, kommt künftig immer zuletzt dran.

➤ **Auszeit:** Gönnen Sie sich alle drei Stunden mindestens eine Viertelstunde Auszeit. Genauso strikt wie die Arbeitszeiten planen Sie also Perioden, in denen Sie in Ruhe sitzen, nachdenken, sich selbst strukturieren. Wer darüber meckert, kann Sie mal. Kreuzweise.

Sag einfach NEIN!

Sagen Sie mal: »Wirtschaftsministerkandidatenauswahlkriterium«. Und jetzt: »Assistant-of-the-chairman-of-the-board«. Kein Problem für Sie, oder? Aber ein einziges Wort kommt Ihnen schwer über die Lippen. Das Wort »Nein«. Leider. Denn diese Unfähigkeit blockiert Sie, beschwert Sie, raubt Ihnen Lebensfreude und Chancen.
Wie angesichts der unverfrorenen Quasselstrippen. Oder wie am letzten Wochenende: Sie wollten in die Berge fahren, hatten den Rucksack schon gepackt, freuten sich königlich … Bis Vater anrief. Stimmt, er hatte Geburtstag. Kein runder, aber immerhin. Das Ende vom Lied: Sie packten den Rucksack aus und verbrachten den Samstag inmitten einer Familienidylle … Dabei wäre es so einfach gewesen. Sie hätten nur »Nein!« sagen müssen. Leichter gesagt als getan.

Öfter mal freundlich, aber entschieden Nein zu sagen können Sie lernen. Und schon buckeln Sie wieder etwas weniger Ballast.

Good News: Man kann es lernen

Die gute Nachricht: Sie können es lernen, »Nein!« zu sagen. Denn es ist Ihr gutes Recht, Grenzen zu ziehen. Und zwar so:

➤ Selbstüberwindung

Erst mal müssen Sie lernen, sich als konsequenten Menschen zu akzeptieren, der anderen auch mal Wünsche abschlägt. Machen Sie sich klar: Ja-Sager sind öde. Mit Menschen, die einem immer zustimmen, kann man nichts Prickelndes erleben. Machen Sie es sich zu einer (guten) Gewohnheit, zu widersprechen, wenn Sie anderer Meinung sind.

➤ Situation analysieren

Sehen Sie mal genau hin: In welchen Situationen sagen Sie Ja und meinen Nein? Liegt es daran, dass Sie Menschen nicht verletzen wollen? Dann denken Sie daran: Nichts kränkt andere mehr als Unehrlichkeit.

➤ Nein begründen

Gerade wenn Sie einem lieben Menschen eine Absage erteilen müssen, tut das irgendwie weh. Deshalb: Begründen Sie Ihr Nein. Legen Sie Ihre Argumente dar. Wichtig: Nicht entschuldigen, nicht abschweifen; ruhig und sachlich bleiben. Oft ist schon nach solch einem Gespräch alles okay.

➤ Bedürfnisse sehen

Sehen Sie die Bedürfnisse des Bittstellers. Auch er hat seine Motive. Sagen Sie ihm das auch. Etwa so: »Ich verstehe deine Motive und Wünsche gut. Habe aber ebenso bitte Verständnis dafür, dass ich … nicht will.«

➤ Alternativen anbieten

Wenn Sie in die Berge fahren und Vater nun grollt … dann bieten Sie ihm doch eine Alternative an. Sagen Sie zum Beispiel: Nicht an diesem Wochenende. Aber besuche mich doch mal am kommenden, dann haben wir viel mehr Zeit für uns allein.

➤ Aber: Hart bleiben

Allerdings sollten Sie unbedingt hart bleiben. Lassen Sie sich im Gespräch nicht vom Thema abbringen. Es geht um Ihr »Nein!« und um nichts anderes.

➤ Generalprobe

Proben Sie eine schwierige und wiederkehrende Situation, in der Sie sich mit einem »Nein!« durchsetzen wollen, vor dem Spiegel. Üben Sie so lange, bis Sie sicher sind, dass Sie mit fester Stimme, ohne Wenn und Aber, eine Attacke auf Ihre Lebenszeit oder Ihre Interessen abwehren können.

➤ Danke sagen

Wenn Sie glücklich sind, dass Ihr Gegenüber Ihre Entscheidung akzeptiert, dann sagen Sie das auch.

Und Sie haben erfolgreich einen dicken Ballen Ballast aus Ihrem Leben geworfen. Und haben dabei ein richtig gutes Gefühl im Bauch – durch Ihr »Danke«. Denn Dankbarkeit wärmt die Seele.

Die tägliche Ich-Zeit

Die Lebenszeit ist unendlich kostbar. Oft aber verschleudern wir sie, als hätten wir sie im Überfluss. Das wird jetzt anders: Gönnen Sie sich ab sofort – sofort! – jeden Tag eine Stunde ganz für sich allein. Egal, ob Ihr Partner (anfangs) meckert, ob sich Ihre Freunde erst daran gewöhnen müssen … Diese Zeit gehört Ihnen. Sie ist wichtig, damit Sie inneren Ballast abwerfen, die Gedanken klären, die Gefühle ordnen können.

Traumreise mit Glücksgarantie

Buchen Sie in dieser Ich-Zeit eine Fantasiereise.

➤ Suchen Sie sich einen absolut ruhigen Ort in Ihrer Wohnung. Stellen Sie das Telefon ab, dämpfen Sie die Türklingel oder setzen Sie sich in ein Zimmer, in dem Sie sie nicht hören. Stellen Sie unbedingt sicher, dass Sie nicht gestört werden.

➤ Setzen Sie sich bequem hin, entspannen Sie sich und lassen Sie Ihren Atem sanft und ruhig fließen.

➤ Und jetzt gehen Sie auf eine Fantasiereise. Überlegen Sie: Wann waren Sie das letzte Mal rundum glücklich? So, dass Sie am liebsten laut gesungen und alle Menschen umarmt hätten?

➤ In Ihrer Fantasie tauchen Sie nun tief hinein in diese Situation. Schließen Sie die Augen. Lassen Sie die Bilder der Erinnerung wie einen dreidimensionalen Film vor Ihrem geistigen Auge ablaufen – wie einen Farbfilm, in dem Sie auch Düfte und Berührungen wahrnehmen können.

➤ Erinnern Sie sich mit allen Sinnen. Wie hat die Luft gerochen: vielleicht salzig nach Meeresbrise? Oder lag der Duft einer Waldlichtung in der Luft? Welche Bilder haben Sie gesehen: die Sonne, die langsam im Meer versank? Ihren Geliebten, ganz nah, im Abendlicht?

Auch im Büro wichtig: ungestörte Ich-Zeit zum Entspannen und Tagträumen – für neue Energie und kreative Höhenflüge.

Dann passiert – ganz automatisch – etwas Wunderbares: Das Gehirn stutzt einen Moment. Dann schaltet es automatisch auf »Glücklichsein«. Auf: »Gedankenmüll rauswerfen.« Ihr Körper beginnt, Glücks-Endorphine und das Happy-Hormon Serotonin auszuschütten. Und plötzlich liegt ein Lächeln auf Ihrem Gesicht. Da ist es wieder: das Gefühl, Sie könnten singen vor Glück und alle Menschen umarmen …

➤ Wenn Sie dieses wunderbare Gefühl in vollen Zügen genossen haben, kehren Sie zurück in den Alltag. Öffnen Sie die Augen, strecken Sie sich kraftvoll und sagen Sie laut: »So ist es gut.«

Ich-Zeit im Büro

Nehmen Sie sich täglich auch im Büro zumindest eine Viertelstunde für sich allein. Stellen Sie das Telefon um oder hängen Sie es aus. Schließen Sie die Tür und hängen Sie einen Zettel dran: »Bitte nicht stören!« (Erklären Sie vorher Ihren KollegInnen, was Sie da seit neuestem treiben …)

… mit einer kleinen Entspannungsübung

Dann machen Sie folgende simple Entspannungsübung:

➤ Stützen Sie die Ellenbogen auf den Tisch, die Hände vors Gesicht. Denken Sie an gar nichts (klappt anfangs nicht).
➤ Dann lassen Sie Ihre Gedanken zurückkehren – aber ohne sie zu zensieren. Sagen Sie halblaut vor sich hin: Meine Gedanken kommen und gehen. Sie sind nicht gut oder schlecht. Sie sind einfach da.
➤ Anschließend atmen Sie eine Minute ganz bewusst. Konzentrieren Sie sich auf Ihre Atemzüge: Ein … aus … ein … aus …
➤ In der restlichen Zeit hängen Sie einfach Ihren Gedanken, (Tag-)Träumen, Ideen nach.
➤ Am Ende Ihrer Ich-Zeit kehren Sie allmählich ins Alltagsgeschehen zurück. Stehen Sie auf, strecken Sie Arme und Beine, klatschen Sie in die Hände und sagen Sie laut: »Jetzt geht es weiter.«

tipp:

ZEIT FÜR FREUNDE

Dieser für viele Menschen ganz zentrale Zeit-Wunsch braucht Planung. Wer Freundschaften dem Zufall überlässt, ist bald einsam. Ein lebendiges Freundes-Netzwerk zu knüpfen verlangt etwas systematische Arbeit. Dazu gehört, sich von überholten Bekanntschaften zu trennen. Auch damit werfen Sie Ballast ab.

➤ **Trennen Sie sich von Überholtem.** Befinden sich Freunde in Ihrem Adressbuch, von denen Sie ewig nichts gehört haben? Gewichten Sie: Wenn Ihrem Herzen daran liegt, dann rufen Sie dort an – sofort. Wenn nicht, löschen Sie Namen und Adresse.

➤ **Aktualisieren Sie Ihr Adressbuch.** Haben Sie interessante Menschen kennen gelernt, die aber noch nicht in Ihrem Adressverzeichnis aufscheinen? Bringen Sie Ihre Adressen, Telefonnummern, Handy-Nummern und E-Mails auf den neuesten Stand.

Im Übrigen: Teilen Sie Ihre Freunde und Bekannten grob mit Noten danach ein, was Sie Ihnen bedeuten. Danach richtet sich auch die Zeit, die Sie ihnen widmen.

➤ **Note Eins: Die besten Freunde.** Diese sollten Sie mindestens einmal wöchentlich zum Viertelstunden-Talk anrufen. Treffen Sie sich mit jedem guten Freund mindestens einmal monatlich auf (Minimum) zwei Stunden zum Plausch. Macht bei zehn guten Freunden zwanzig Stunden im Monat. Ist doch nicht zu viel, oder?

➤ **Note Zwei für gute Bekannte.** Mit ihnen sollten Sie zweimal im Monat zehn Minuten telefonieren, um den Kontakt nicht abkühlen zu lassen. Verabreden Sie sich unregelmäßig zu einem konkreten Ereignis (Kino, Schwimmen, Konzert).

➤ **Note Drei für Nervis.** Nervensägen wie etwa Leute, die meist über sich selbst reden. Und damit Kandidaten fürs »Ballast-raus«-Programm. Manchmal gibt es aber konkrete Gründe, mit ihnen in Kontakt zu bleiben. Markieren Sie in Ihrem Terminkalender ganz bestimmte Termine für diese Kontakte. Ansonsten: Funkstille.

Freie Bahn zum Ziel

Stufenplan: Wege aus der Zeitfalle

Unter uns gibt's heimliche Geistesgiganten. Sie könnten Romane schreiben, Symphonien komponieren, Skulpturen formen oder Nobelpreise erringen. Wenn sie es nur täten. Ihr Problem: Sie kriegen einfach nichts gebacken. Drehen sich im Kreis, verzetteln sich mit Nichtigkeiten. Ihnen soll es nicht so ergehen? Prima. Dann fangen Sie gleich an.

1. Die Vision

Der erste Schritt: Entwickeln Sie Ihre individuelle Vision.

➤ Wenn die Märchenfee käme und Ihnen drei Wünsche gewährte – was würden Sie wählen? Alles steht Ihnen offen. Reichtum, Freundschaften, Ruhm … Diese Chance bekommen Sie nie wieder. Wählen Sie also klug. Es sind exakt drei Wünsche. Nicht vier.

Nach Ihrer Feenwahl sehen Sie aber (hoffentlich) klarer, was Ihnen langfristig wirklich wichtig ist. Diese drei visionären Ziele müssen Sie ab sofort energisch gegen Zeiträuber verteidigen.

2. Der Jahresplan: Rückwärts in die Zielgerade

Der nächste Schritt: Machen Sie einen Jahresplan. Und zwar so:

➤ Setzen Sie die für Sie wichtigsten **drei** Ziele des kommenden Jahres fest – am besten natürlich Ziele, die Sie Ihren gerade gefundenen Visionen näher bringen. Zum Beispiel: Ich möchte meinen ersten Kriminalroman fertig haben, drei Kilo Übergewicht verloren und einen wirklich verlässlichen neuen Freund gewonnen haben.

➤ Dann planen Sie **rückwärts.** Sie setzen im Jahresplan das Datum fest, an dem Ihre großen Ziele realisiert sein sollen. Rechnen Sie zurück: In welchem Monat muss Schritt eins/zwei/drei abgeschlossen sein, damit Sie die visionären Aufgaben auch tatsächlich schaffen?

➤ Die Zielsetzungen müssen **realistisch** und innerhalb des Jahres auch wirklich **erreichbar** sein. Wenn Sie in diesem Jahr Bundeskanzler werden, den Regenwald retten und Ihren ersten Nobelpreis bekommen wollen, brauchen Sie nicht zu planen. Wird nix.

3. Der Wochenplan schlägt die Brücke

Ganz wichtig: Von nun an sind Ihre Lebensziele (Feenwünsche) und die konkreten Schritte dahin (Jahresplan) für Sie absolut bindend und wichtiger als das Tagesgeschäft. Verlieren Sie diese Ziele nie aus den Augen. Sonst sitzen Sie eines Tages frustriert im Altenheim und jammern, dass Sie Ihre Lebensträume leider nicht verwirklicht haben.

Nun gibt es aber das Tagesgeschäft und den ständigen Fight um die Tagesinhalte. Bauen Sie eine Brücke zwischen den großen Zielen und dem Alltagskram: Mit dem Wochenplan verlieren Sie Ihre Visionen nicht aus den Augen.

➤ Legen Sie für die kommende Woche ein **Hauptziel** (unbedingt erreichen) und zwei **Nebenziele** (mit aller Kraft darauf hinarbeiten) fest. Etwa: das nächste Buchkapitel fertig schreiben, außerdem endlich Ihre alte Freundin Anja wiedertreffen und sich im Fitness-Studio anmelden. Diese drei Ziele müssen Sie wieder energisch gegen alle verteidigen, die täglich an Ihnen zerren und Ihre Zeit fordern.

➤ **Erfolgskontrolle:** Nehmen Sie sich absolut gewohnheitsmäßig am Wochenende zwei Stunden Zeit, um zu relaxen und dabei zu kontrollieren: Haben Sie Ihre Wochenziele eigentlich voll erreicht? Kleiner psychologischer Effekt: Da Ihr Unbewusstes weiß, dass es kontrolliert wird, geht es von vornherein mit den Zielen nicht lax um.

Verzetteln war gestern – ab jetzt nehmen Sie Ihre Vision klar ins Visier. Die konkreten Schritte zu Ihren Zielen haben absolute Priorität.

4. ... und nun die Tagesthemen

Damit sind wir beim ganz Alltäglich-Konkreten. Wie wird Ihr Tag heute ablaufen? Das haben Sie (wenn auch nicht ganz allein) im Griff.

➤ Legen Sie für jeden Tag ein Hauptziel fest, an dem Sie mit Zähnen und Klauen festhalten. Das tun Sie heute, basta. Zwei Nebenziele erreichen Sie, wenn es möglich ist.

➤ Planen Sie Ihren Tag am **Vorabend**. Dann weiß Ihr Unterbewusstes am nächsten Morgen schon, was heute angesagt ist, und stellt die inneren Weichen dafür.

➤ Legen Sie die Tagesziele **schriftlich** fest. Dann haben Sie schwarz auf weiß vor Augen, was für Sie (nicht für andere) wichtig ist.

➤ Schätzen Sie für jedes Ziel realistisch, wie lange Sie brauchen, um es zu erreichen. Machen Sie sich nichts vor. Und verplanen Sie nur 50 Prozent der Zeit. Der Rest ist **Jokerzeit** für den Alltagskram. Dem entkommen Sie ohnehin nicht, wetten?

Eine Schneise durch den Alltagsmüll

Entrümpeln Sie mal wieder!

Unsere Umgebung beeinflusst tief greifend unsere Lebenskraft. Nach der Lehre des Feng Shui staut sich in unaufgeräumten Räumen negative Energie, die die Initiative lähmt, Gedanken vernebelt, den Antrieb bremst. Aufräumen und Ausmisten ist deshalb ein wichtiger Schritt, um den Kopf zu befreien und neue Energie zu tanken.

Wohnung und Seele entlasten

Energie fließt, wo sie Raum findet. In einer voll gestopften Wohnung geht da gar nichts. Deshalb ist die erste und wichtigste Feng-Shui-Maßnahme das Entrümpeln. Tun Sie das nach der …

Holzfäller-Methode

Wenn früher die Männer in den Wald zogen, um Holz zu schlagen für Feuer und Hausbau, dann schlugen sie zuerst eine Schneise. Denn sonst hätten sie den Wald vor lauter Bäumen nicht gesehen. Genau so sollten Sie auch ans Entrümpeln herangehen.

➤ **Weniges perfekt tun:** Fangen Sie ganz konkret an – wo, ist egal. Sagen Sie zu sich: Heute räume ich nur dieses eine Regal auf – das aber perfekt. Oder: Heute nehme ich mir mal die linke Hälfte des Kleiderschrankes vor. Die wird aber danach perfekt aufgeräumt sein.

info:

»WIND UND WASSER« KLÄREN DEN GEIST

Feng Shui bedeutet übersetzt »Wind und Wasser«. Laut der Feng-Shui-Expertin Heike Fuhrmann bedeutet Wind dabei im übertragenen Sinne auch die universelle Lebensenergie. Wasser heißt auch Fluss oder Weg. Feng Shui bedeutet demnach sinngemäß »Der Weg der Energie«, die Lehre, den Energiefluss zu gestalten. Denn überall – um uns und in uns – fließt Chi, die positive Lebensenergie. Nur wenn sie ungehindert fließen kann, sind wir glücklich, ausgeglichen, gesund. In einer harmonischen Umgebung fließt das Chi wie ein warmer Golfstrom. Sie haben sicher die Erfahrung gemacht, dass es Räume gibt, in denen Sie sich wie neugeboren und befreit fühlen. Feng Shui zielt darauf, die Umwelt so zu gestalten, dass Sie in einem optimalen Umfeld mit frei fließender Energie leben und sich entfalten können (Buchtipp Seite 46).

Kleeblatt-Methode

Dabei hat sich die Kleeblatt-Methode bewährt.

➤ Räumen Sie das Objekt Ihrer Entrümpel-Begierde, etwa das Regal oder den Schrankanteil, komplett leer. Putzen Sie es blitzblank (das hebt auch die Laune, denn dann wird schon ein hübscher Erfolg sichtbar).

➤ Legen Sie alle ausgeräumten Gegenstände auf den Boden und teilen Sie diese Dinge einem von drei Stapeln zu, die Sie rund um sich wie die Blätter eines Kleeblatts (daher der Name) anordnen.

1. Der »Daran hängt mein Herz«-Stapel

Auf diesen Stapel kommt alles, was Sie wirklich lieben oder dringend brauchen. Aber bitte kritisch sein.

➤ Eine gute Entscheidungshilfe sind drei Fragen: Haben Sie den betreffenden Gegenstand in den vergangenen drei Monaten einmal aus dem Regal genommen, sich daran gefreut? Haben Sie ihn in den vergangenen drei Monaten benutzt? Würden Sie ihn wirklich vermissen oder würde er Ihnen im täglichen Leben fehlen, wenn er verloren ginge? Wenn die Antwort Nein lautet: in den Container.

➤ **Wichtig:** Entscheiden Sie sich bei jedem Gegenstand innerhalb von dreißig Sekunden. Sonst sind Sie in einem Jahr noch beim Entrümpeln.

2. Der Müllcontainer

Hier landet sofort alles, was Sie nicht mehr brauchen und wovon Sie sich trennen können. Auch beschädigte Dinge, unvollständige Sets und Ähnliches kommen in die große Müllkiste oder in den Sack für Altlasten.

3. Das »Vielleicht«-Zwischenlager

Wenn Sie sich innerhalb der Frist von 30 Sekunden absolut nicht entscheiden können, dann sortieren Sie den Gegenstand in eine »Zwischenlager«-Kiste. Denn all dieser Krempel soll nicht weiterhin in Ihrer Wohnung rumstehen oder in den Schränken rumhängen. Diese Sachen kommen in der Kiste, die Sie beschriften und dann gut verschließen, in den Keller oder auf den Speicher. Wenn Sie sie nach drei Monaten nicht vermisst haben, wandert der ungeöffnete (!) Karton doch noch in den Container.

tipp:

FREI-RÄUME FÜR DIE SEELE

Sinn des Ausmistens ist nicht nur eine aufgeräumte Wohnung. In einer Umgebung, in der das Chi frei fließt, soll ja auch Ihr Kopf von neuen Ideen durchflutet werden, sollen Sie sich wie neugeboren fühlen. Gestalten Sie also Räume für die Seele.

➤ **Die »Nur für mich«-Oase:** Sie brauchen unbedingt einen Platz nur für sich allein. Eine Kuschelecke, in der Sie in Ruhe Ihre Gedanken ordnen, Ihre Pläne schmieden. Ganz wichtig: Kerzenleuchter, in deren warmem Licht Ihre Seele neue Kraft findet.

➤ **Begegnungsstätte:** Jede Wohnung braucht eine »Mitte« der Begegnung und Kommunikation. Den Ort, an dem Sie sich mit Freunden oder dem Partner treffen, zusammen reden, lachen, essen, trinken. Ob im Wohnzimmer oder in der Wohnküche – ideal wäre ein großer Tisch, um den sich alle versammeln können.

➤ **Positiv-Galerie der schönen Erinnerungen:** Vergrößern Sie die schönsten Fotos jener Situationen, in denen Sie besonders glücklich waren. Rahmen Sie diese Bilder besonders schön ein. Das erinnert Sie in Krisenzeiten daran: Mensch, toll, was hatte (und habe) ich doch eigentlich für ein reiches und spannendes Leben.

➤ **Frei-Raum pur:** Vielleicht können Sie sogar ein Zimmer als echten Frei-Raum gestalten. Ein Raum der Besinnung – auf das Wesentliche reduziert: Darin stehen nur ein bequemer Sessel, eine Stereoanlage, Kerzenleuchter, einige Pflanzen. Sonst nichts.

Ballastfreie Zonen

Entrümpeln Sie konsequent Zimmer für Zimmer, und halten Sie sie weiter ballastfrei!

Wohnzimmer

Es ist das Herz der Wohnung. Gestalten Sie diesen Raum deshalb genau so, wie es Ihrem innersten Wesen entspricht. Das Wohnzimmer ist kein Ausstellungsraum für Tante Claras selbst gehäkelte Deckchen oder dergleichen. Keinesfalls darf der Fernseher (wie leider oft) im Zentrum stehen. Wenn dieser Kommunikationskiller im (inneren und äußeren) Mittelpunkt steht, ist es höchste Zeit, etwas an Ihrem Leben zu ändern.

Küche

Im »Bauch« der Wohnung geht es um Nahrung, Versorgtsein, Genuss, Lebensfreude. Ob rein funktionelles Kochzentrum oder Begegnungsstätte, immer gilt:

➤ Raus mit allem Überflüssigen! Ab in den Müll mit nutzlosen Gegenständen: Teller mit Sprung, Kannen ohne Deckel. Waffeleisen, wenn Sie keine Waffeln mehr backen.

➤ Schaffen Sie praktische Ordnung: Kochutensilien griffbereit, ähnliche Dinge an einem Platz, das alltägliche Geschirr im Schrank beim Geschirrspüler oder Esstisch.

Schlafzimmer

Hier suchen wir Ruhe und Erholung, daher sollte nichts an Hektik, Unangenehmes, Unerledigtes erinnern.

➤ Hometrainer, Bücherregale, Wäschekörbe haben hier genauso wenig verloren wie der Fernseher mit seiner Strahlung. Eigentlich muss es da nur ein gemütliches Bett geben – und Kerzenlicht.

Keller

Klar, irgendwo muss das Gerümpel ja hin. Nun spiegelt der Keller aber auch Ihr Unbewusstes. Wenn er vor Unnötigem überquillt, dann schleppen Sie viel Unerledigtes mit sich herum.

Ordnung schafft Frei-Räume, in denen sich die Seele entfaltet.

➤ Besser: Unterziehen Sie auch den Keller mal einer rigorosen Generalausmistung.

Dachboden

Der Speicher symbolisiert Ausblick und Zukunft. Umso bedauerlicher, dass er so oft als Mülldeponie dient.

➤ Radikalkur: Werfen Sie alles, was Sie ein halbes Jahr nicht gebraucht haben, in den Müllcontainer. Richten Sie stattdessen ein Kreativzimmer ein – das Dachgeschoss ist optimal, weil der weite Blick die Kreativität beflügelt.

Den Schreibtisch
vom Chaos befreien

So könnte er aussehen: aufgeräumt, appetitlich, mit wenigen sinnvollen Accessoires, ein Ort der Gedanken-Power. Doch so sieht er meist aus: Stapel von Schriftstücken, Akten, Unerledigtem, dazu Schnickschnack aller Art, überall gelbe Post-it-Zettel. Und davor Sie wie ein Müllkutscher im Kreativstress. Muss aber nicht sein.

Die »Vierblättriges Kleeblatt«-Methode

Als Erste Hilfe für Schreibtische, die von Kreativmüll überquellen, können Sie wieder zur Kleeblatt-Methode greifen. Nur: Diesmal handelt es sich um ein vierblättriges Kleeblatt.

➤ Stellen Sie neben Ihren überquellenden Schreibtisch einen zweiten Tisch, auf dem die gleich gebildeten Stapel Platz finden. Notfalls nehmen Sie dazu den Fußboden.

➤ Wichtigstes Requisit: ein voluminöser Papierkorb, um alles Überflüssige sofort entsorgen zu können.
Dann arbeiten Sie sich von Stapel zu Stapel (Uhrzeigersinn) durch das Chaos und ordnen die Unterlagen den einzelnen »Kleeblättern« zu.

1. »Brauch ich wirklich noch«
Auf diesen Stapel kommt alles, was tatsächlich wichtig ist und was Sie innerhalb der nächsten Woche selbst erledigen können. Tipp: Seien Sie bei diesem Stapel sehr geizig. Am Ende der Aktion sollten nicht mehr Aufgaben zurückbleiben, als in der nächsten Woche zu schaffen sind.

2. »In die Hängeordner«
Hierhin kommen Dinge (kritisch bleiben!), die Sie wirklich noch brauchen, die Sie aber nicht in den nächsten Tagen erledigen werden – etwa Teile eines längerfristigen Projekts. Die kommen in Hängeordner (siehe »Hang on, baby ...«, Seite 27).

3. »Jetzt sofort ...!«
Hierhin gehört alles, was Sie noch während des Aufräumens erledigen können. Einladungen zu Veranstaltungen, die Sie noch in derselben Minute durch ein kurzes Telefonat zu- oder absagen können. Oder: indem Sie ein Fax nicht großartig per Brief beantworten, sondern die Antwort auf dem Fax handschriftlich vermerken und sofort zurückfaxen.

4. »Weitergeben«
Auf diesen Stapel kommt alles, was Sie nicht einfach in den Müll werfen können, was Sie aber nicht unbedingt selbst erledigen müssen. Auch als zurückhaltender Mensch – Sie müssen einfach über Ihren Schatten springen und Aufgaben an andere (Sekretärin, Putzfrau, Büroservice, Hausmeister, technischer Dienst) delegieren.

Alles andere kommt jetzt und sofort in den Müll!

Faustregeln

➤ Fassen Sie jedes Papier nur einmal an.

➤ Entscheiden Sie innerhalb von maximal zehn Sekunden, auf welchen Stapel es kommt. Ansonsten: Ab in den Müll!

➤ Am Ende des Ausmistens sollten zwei Drittel des Ex-Chaos im Mülleimer liegen.

Hang on, baby …

Damit nicht in zwei Wochen alles aussieht wie vorher, schaffen Sie sich Hängeordner an. Dahin kommen alle Papiere, die Sie als »dauernd gebrauchte Arbeitsmaterialien« einstufen. Bestellen Sie sich dafür eine fahrbare Hängeordner-Registratur. Aber nun nicht als heimliche Mülldeponie missbrauchen!

➤ Das A und O ist eine aussagekräftige Beschriftung.

➤ Jedes Mal, wenn Sie etwas einsortieren, werfen Sie gleichzeitig ein anderes (veraltetes) Schriftstück weg.

➤ Was Sie unmöglich wegwerfen können, heften Sie in Aktenordner.

Entlastend und beflügelnd: Ein freier Schreibtisch kann Wunder wirken.

Ein Schreibtisch zum Verlieben

Blankgeputzt, einladend – richtig schnuckelig sieht der freigeräumte Tisch jetzt aus. Damit es so bleibt:

➤ Auf Ihrem Arbeitstisch liegen prinzipiell immer nur Dinge, die Sie ständig brauchen (Telefon, Kugelschreiber), und die Unterlagen, an denen Sie gerade arbeiten.

➤ Die Projekte der nahen Zukunft warten in den Hängeordnern.

➤ Als Archiv dienen Aktenordner im Regal.

➤ Arbeitsmaterial wie Locher, Schere, Hefter finden Sie griffbereit in der oberen Schreibtischschublade.

➤ Werfen Sie auch künftig Unnötiges sofort weg, das andere sortieren Sie sofort ein.

➤ Räumen Sie am Ende des Tages Ihren Schreibtisch auf, und legen Sie die wichtigsten Dinge für den folgenden Tag bereit. Damit auch dies ein müllfreier Kreativtag im Büro wird – voller Ideen und Erfolge, aber ohne Ballast.

Verjagen Sie Energievampire!

Befreien Sie sich von allem, was Geist und Seele Kraft raubt

Tagtäglich müssen Sie einer Flutwelle standhalten – dem permanenten Ansturm von Informationen, Eindrücken, Daten. Das frisst Energie, lähmt Ihre Vitalität. Die folgenden Übungen helfen Ihnen, Unnötiges abzuwehren, den Kopf zu befreien, neue Kraft zu sammeln.

Schluss mit dem Stress!

Pop-Ikone Madonna gönnt sich auch im größten Tournee-Stress jeden Tag zwei Stunden für sich ganz allein. Sie sagt: »Nur in dieser Ich-Zeit gewinne ich wieder neue Energie.« Diesen Frei-Raum verteidigt sie energisch und kompromisslos gegen jeden Energieräuber.

Sie hat Recht, denn US-Forscher haben den wichtigsten krank machenden Faktor unserer Zeit identifiziert: Es ist – mehr noch als dauernder Termindruck – die tägliche Überflutung mit Informationen, Daten, Eindrücken. Unter einer Decke mit diesen Stressoren stecken menschliche Energievampire, die uns täglich Lebensenergie klauen: indem sie uns manipulieren, mit Ballast beladen, ein schlechtes Gewissen einreden. Der schlimmste Energieräuber aber ist oft der eigene Kopf: In manche Denkfallen tappen wir immer wieder. In manche emotionale Fallgrube stolpern wir ein ums andere Mal, obwohl wir sie längst kennen müssten.

Erste Hilfe gegen Überflutung

Im folgenden Kapitel erfahren Sie die wirksamsten Strategien gegen Energievampire. Gleich zu Beginn ein paar konkrete Tipps, wie Sie Stress entgegenwirken und Ihre ausgeräuberten Energiedepots wieder füllen können.

➤ Zeitlupentempo

Trainieren Sie die Kunst der Langsamkeit: Bewegen Sie sich täglich zweimal eine Viertelstunde im Zeitlupentempo. Tun Sie alles, was Sie in dieser Zeit ohnehin vorhatten. Aber ganz bewusst dreimal langsamer als sonst. Sie werden sich köstlich amüsieren – und Ihr Körper sagt Danke. Denn man konnte nachweisen: Die Stresshormone Adrenalin und Cortisol sinken, die Zahl der abwehrbereiten Immunzellen steigt.

tipp:

Lach dich frei

Lachen ist ein Königsweg, um die Seele zu befreien, Ballast aus der Psyche zu schaufeln. Der amerikanische Emotionsforscher Paul Ekman fand heraus: »Sogar künstlich stimulierte Lach-Grimassen, etwa einen Bleistift zwischen die Mundwinkel zu stecken, regen Fröhlichkeit an.« Die Erklärung: Beim Lachen werden bestimmte Muskelgruppen aktiviert, die Signale ans Gehirn senden. Sie lösen eine Kettenreaktion der Glückseligkeit aus: Glücksbotenstoffe (Endorphine) und das Glückshormon Serotonin werden ausgeschüttet.

➤ **Tun Sie's 20-mal pro Stunde.** Ein denkbar einfacher Weg, den Kopf frei zu bekommen: Lächeln Sie! Nehmen Sie sich einfach vor: »In der kommenden Stunde werde ich mindestens zwanzigmal bewusst lächeln.« Und sobald Sie die Mundwinkel hochziehen, läuft die geschilderte Glückshormon-Kaskade ab.

Wenn alles zu viel wird: Have a break! Mit einer kleinen Wohlfühlübung.

➤ Ein-Minuten-Entspannung

Machen Sie den ersten Teil der Übung von Seite 19, einschließlich der Konzentration auf den Atem. 60 Sekunden lang. Sie werden merken: Schon nach dieser kurzen Zeit fühlt sich Ihr Kopf (nach einiger Übung) plötzlich an wie freigeputzt.

➤ Grounding

Einfach mal die Erde spüren, auf den Boden der Realität zurückkehren. Sich sicher und verwurzelt fühlen. Mit Grounding (Erden) können Sie das wohltuend erfahren:

1. Stellen Sie sich barfuß aufrecht hin, die Füße hüftbreit auseinander. Die Arme lassen Sie locker hängen.
2. Spüren Sie, wie die ganzen Fußsohlen fest und sicher auf dem Boden stehen. Lassen Sie in Ihrer Vorstellung Wurzeln in die Erde wachsen und verankern Sie sich so.
3. Stellen Sie sich nun vor, dass ein imaginärer Faden am Kopf Sie sanft in den Himmel zieht. Ihr am Boden verankerter Körper wächst unaufhaltsam nach oben. Sie werden spüren: Die Wirbelsäule strafft sich, Sie werden automatisch »größer«. Bleiben Sie ruhig atmend 2 bis 3 Minuten in dieser Wahrnehmung.

➤ Urschrei

Eine kurze Abreaktion. Wenn alles über Ihnen zusammenbricht, dann gehen Sie in den Park oder in eine ruhige Straße und schreien mit einem gewaltigen »Pau« das Ganze aus sich heraus. Dabei schleudern Sie die Arme mit geballten Fäusten nach oben.

➤ Wahrnehmungslenkung

Hört sich kompliziert an, ist aber einfach. Wenn Sie im Info-Overkill zu ersticken drohen, sagen Sie ganz bewusst laut »Stopp« und richten zur Verstärkung ein imaginäres Stopp-Schild auf. Dann stellen Sie sich in allen Einzelheiten den Augenblick vor, an dem die wichtigste Aufgabe dieses Tages geschafft ist, dazu Ihre Erleichterung, Genugtuung, Freude … Sagen Sie jetzt schon laut: »Ja – geschafft!« Sie werden sehen, Sie bekommen sofort neue Energie und Tatkraft.

Raus mit dem inneren Miesmacher!

Hollywood-Schauspieler Tom Hanks ist ein Weltstar. Dennoch grübelt er. »Ich hasse meine großen Ohren, und mein Hintern ist zu dick.«

Die innere Stimme, die ihm das einredet, kennen Sie auch. Sie redet immer dazwischen, wenn man sie gar nicht brauchen kann, mäkelt an allem rum. Gaukelt Ihnen vor, dass Sie glücklicher und erfolgreicher wären, hätten Sie nur eine geradere Nase, einen üppigeren Busen, ein dickeres Bankkonto.

Polieren Sie Ihr Selbstbild

Stimmt aber nicht. Experten sagen: Das innere Bild, das Sie von sich haben, ist völlig unabhängig von äußeren Bedingungen. Sie können sich kurz vor dem Bankrott super fühlen oder unmittelbar nach Ihrem ersten Nobelpreis den Untergang kommen sehen.

Die gute Nachricht: Ein positives Selbstbild kann man trainieren. Werfen Sie den inneren Miesmacher raus.

➤ Gedanken-Stopp

Negative Gedanken und Befürchtungen werden tatsächlich wahr, weil Sie sich fürchten – und unbewusst entsprechend handeln. Drücken Sie einfach die Stopp-Taste: Wann immer selbstzerstörerisches Grübeln Ihr Selbstwertgefühl erschüttert, sagen Sie laut: »Stopp! Ich habe meine ganz eigenen Werte!«

➤ Positiv-Galerie

Nehmen Sie sich täglich eine Viertelstunde, um sich an Ihre schönsten Erlebnisse zu erinnern. Wann fühlten Sie sich super? Sexy? Erfolgreich? Begehrt? Geliebt? Lassen Sie diese Bilder wie einen Kurzfilm vor Ihren Augen ablaufen. Mit diesem Ritual ziehen Sie die Trübewetter-Brille ab.

➤ Sandwich-Methode

Wer sich selbst lecker findet, der ist auch erotisch. Deshalb konnte die anfangs pummelige Sophie Dahl ein erfolgreiches Model werden und ein eigentlich hässlicher Mann wie Jean-Paul Belmondo zu einem der begehrtesten Schauspieler (und Männer) avancieren.

Das A und O des Sex-Appeals: Werden Sie Ihr bester Freund. Und zwar so: Verbringen Sie täglich zehn Minuten vor dem Spiegel und betrachten Sie sich mit liebenden (zumindest aber wohlwollenden) Augen. Richten Sie Ihren Blick zunächst auf einen Körperbereich, den Sie okay finden. Sagen Sie: »Mensch, prima, da bin ich ja echt sexy.« Dann wenden Sie sich einer Zone zu, die Sie eigentlich an sich hassen. Finden Sie heraus, was das Spezielle daran ist. Sagen Sie zu sich: »Hier bin ich einzigartig.« Wechseln Sie so mehr und weniger geliebte Stellen ab – eben sandwichmäßig.

Das A und O: ein wohlwollender Blick auf sich selbst.

Strategien gegen Denkfallen

Der eigene Kopfsalat macht uns das Leben oft unnötig schwer. Auch das muss gar nicht sein.

➤ Katastrophendenken ade

Oh Gott, dann wird bestimmt … Tatsächlich? Wann immer Sie sich in Befürchtungen verlieren, bauen Sie zwei Extrempole auf. Malen Sie sich zunächst den »worst case« aus. Und überprüfen Sie: Was kann tatsächlich passieren? Sind Sie dann wirklich ruiniert, ausgestoßen, mutterseelenallein im Weltall? Oder glauben Sie das bloß? Dann malen Sie sich aus: Alles klappt, unvorhergesehenermaßen, wie von selbst. Dann wägen Sie ab: Liegt die Wahrheit (und Wahrscheinlichkeit) nicht in der Mitte?

➤ Einstecken und gewinnen

Kritik hat Sie verletzt? Konzentrieren Sie sich auf den Inhalt der Kritik – nicht auf die (negativen) Gefühle, die sie auslöst. Nehmen Sie sich einen Zettel und schreiben Sie fünf Argumente für Ihre Position auf. Zetteln Sie einen inneren Dialog zwischen kritisierendem Angreifer und Ihrem inneren Verteidiger an. Stellen Sie sich auf die Seite Ihres »inneren Anwalts«. Lassen Sie sich zumindest emotional gewinnen.

➤ Vergleichsstopp

Sie fühlen sich einer vermeintlich attraktiveren, glamouröseren Person gegenüber minderwertig? Machen Sie sich eine Miniliste mit fünf positiven und negativen Eigenschaften von Ihnen und dem anderen. Dann unterstreichen Sie dessen Schwachstellen. Möchten Sie immer noch tauschen?

➤ Werbung in eigener Sache

Diese Übung macht Ihnen bewusst, welche Talente in Ihnen stecken. Notieren Sie in dreißig Sekunden alle Ihre Stärken, Fähigkeiten und Talente, die Ihnen einfallen. Überlegen Sie, welche davon Sie selbst im größten Stress parat haben. Nun spielen Sie EntertainerIn in eigener Sache: Stellen Sie sich vor, Sie befänden sich auf einer Bühne und sollten für sich Werbung machen. Nehmen Sie ein imaginäres Mikrofon in die Hand und erzählen Sie von sich, als wäre eine Kamera auf Sie gerichtet. Ihr Unbewusstes wird sagen: »Danke, jetzt geht es mir wieder gut …«

Ab jetzt ganz sicher!

US-Talkmaster David Letterman ist der erfolgreichste TV-Showstar der Welt. Regelmäßig fesselt er ein Millionenpublikum an den Bildschirm. Doch nach jedem Auftritt flüchtet er sich schweißgebadet aus dem Studio ins Dunkel der Privatsphäre. In einem Interview gab er öffentlich zu: »Wenn ich doch nur den Ballast meiner Schüchternheit ablegen könnte!«

Acht Gebote gegen Schüchternheit

Schüchternheit, Lampenfieber, innere Unsicherheit: Viele von uns könnten ganz anders leben. Wenn sie sich nur selbst überwinden könnten, ihr Licht nicht immer unter den Scheffel zu stellen. Hier sind acht Gebote für sicheres Auftreten in jeder Situation:

1. Lächeln Sie! Es verdeckt nicht nur Ihre Unsicherheit. Es schlägt Brücken und öffnet die Herzen.

2. Suchen Sie Einzelkontakt! Wenn Sie einen Raum voller Menschen betreten, gibt es zwei Möglichkeiten: Sie drehen auf dem Absatz um. Oder Sie nehmen einen bestimmten Menschen fest ins Visier und beginnen ein Gespräch. Und der Einstieg ist geschafft.

3. Denken Sie positiv. Fast nie will Ihnen jemand etwas Böses. Wenn Sie an die prinzipiell positive Einstellung der anderen glauben, strahlen Sie das auch aus.

4. Beruhigen Sie bewusst Ihre Atmung. Denn sie ist das Gaspedal des Körpers. Eine hektisch ängstliche Atmung kann Angstgefühle noch verstärken. Atmen Sie ruhig und tief durch, bevor Sie den ersten Satz sagen.

5. Mentaler Probelauf. Malen Sie sich vorher intensiv aus, wie Sie sich in der Angst auslösenden Situation verhalten werden. Wie Sie Ihrer Stimme einen ruhigen Klang verleihen, wie Sie sich bewegen. Üben Sie laut. Spielen Sie sich angstbesetzte Szenen ruhig zu Hause vor dem Spiegel vor. Auf einmal merken Sie: eigentlich easy.

6. Lachen Sie über sich selbst. Es ist heilsam, wenn Sie sich selbst nicht bierernst nehmen. Gerade dann, wenn Ihnen Schnitzer passieren. Sie werden merken, dass Sie eine andere Botschaft ausstrahlen. Nämlich die, dass Sie mit sich selbst im Reinen sind.

7. Augenkontakt. Wenn Sie jemandem vorgestellt werden, schauen Sie Ihrem Gesprächspartner tief in die Augen. Das schafft Vertrauen und verbessert die Atmosphäre.

8. Haltung bewahren. Bauch rein, Brust heraus (wie früher Omi immer sagte). Richten Sie sich auf, strecken Sie die Brust heraus. Diese Haltung signalisiert Selbstbewusstsein.Wer aufrecht geht, steht auch in Sachen Selbstwert besser da und wird insgesamt mehr respektiert.

Manipulationsvampire
einfach kaltstellen

Manche Typen haben es wirklich raus. Drücken bei Ihnen einfach auf den richtigen Knopf. Und schaffen es damit mühelos, Sie zu manipulieren und zu gängeln. Nehmen Ihnen Kraft und Energie, steuern Ihre Entscheidungen. Doch jetzt wird es Zeit, diesem besonders perfiden Typ von Energievampir den Garaus zu machen. Einfach, indem Sie die Manipulationsfallen erkennen – und Ihnen geschickt entkommen.

Erkennen Sie den Feind

Falle 1: Hinterlistiges Lob

»Sie sind Spitze«, meint Ihr Boss und strahlt. »Dieses Projekt traue ich eigentlich nur Ihnen zu.« Sie strahlen auch. Und haben wieder ein Arbeitswochenende an der Backe, um sich vorzubereiten, ein Konzept zu machen …

➤ **Gegenstrategie:** Nicht einlullen lassen. Genießen Sie das Lob, ohne sofort bereitwillig eine Gegenleistung anzubieten. Danken Sie für das Vertrauen – und sagen Sie: »Dieses konkrete Angebot möchte ich mir aber noch kurz überlegen.« Wenn Sie keine Lust haben, dann sagen Sie das genau so klar. Punkt.

Falle 2: »Wir sind uns ja so ähnlich …«

Tatsächlich? Sie lieben Griechenland? Und Brahms hören Sie für Ihr Leben gern? So ein Zufall: der Versicherungsvertreter nämlich auch. Schon haben Sie unterschrieben. Auf ähnliche Weise lassen Sie sich alten Pflaumenkuchen andrehen (Bäcker liebt auch Katzen) und verbringen den Partyabend mit einer Nervensäge (zufällig auch Steinbock).

➤ **Gegenstrategie:** Einen Abpraller servieren. Machen Sie sich blitzschnell klar: Hier will bloß jemand was von Ihnen. Die vorgegaukelte Nähe existiert gar nicht. Kontern Sie cool: »Wie nett, noch ein Griechenland-Fan. Ihr Angebot möchte ich mir aber in Ruhe überlegen. Legen Sie die Unterlagen bitte dort auf den Tisch. Ich rufe Sie an, wenn ich mich entschieden habe.«

Falle 3: »Wegen dir muss ich so leiden …«

Besonders heimtückisch. Egoistische Mütter sind spezialisiert auf diesen »Schlechtes Gewissen«-Schalter. Sie freuen sich auf Ihren Kurztrip zu einer Freundin, und die Erzeugerin meint heldenhaft: »Ich hatte so sehr gehofft, du besuchst mich dieses Wochenende. Na ja, bleib ich eben allein, ich komm schon klar …« Das sitzt. Trip abgesagt, Mutterbesuch angesetzt. Dabei könnten Sie sich selbst ohrfeigen …

➤ **Gegenstrategie:** Schuldgefühlen eine Abfuhr erteilen.

Manipulatoren verpacken ihre Forderungen geschickt, umgarnen oder knebeln Sie. Keine Chance, Nein zu sagen!? Es gibt Gegenstrategien.

Machen Sie sich ganz rational klar, *wer* hier egoistisch ist. Eine liebevolle Mutter würde Ihnen den Trip gönnen. Lassen Sie sich nicht länger an der »Du hast Schuld«-Leine herumzerren. Übrigens auch eine Chance für Ihr Gegenüber: Sie (oder er) kann lernen, für sich selbst Verantwortung zu übernehmen.

Falle 4: Angst einjagen

»Sie müssen es ja wissen. Ich fürchte nur: Ihr Chef wird die Sache etwas anders beurteilen!« meint Ihr Verhandlungspartner. Schon haben Sie den Schwanz eingekniffen – und er gewonnen.

➤ **Gegenstrategie:** Rückgrat zeigen. Wenn ein drohender Unterton Ihnen unterschwellig Angst einjagen soll, dann bleiben Sie besonders (extra!) stur. Stehen Sie zu Ihrer Entscheidung. Sagen Sie zu dem drohenden Individuum lächelnd: »Tja, Leben bedeutet eben Risiko …«

Falle 5: »Sie liegen wirklich voll im Trend«

Die Verkäuferin kann sich vor Begeisterung kaum noch bremsen. »Steht Ihnen toll. Die saloppe Hosenlänge tragen jetzt alle …« Schwupp liegt das Beinkleid mit Hochwasser im Einkaufsbeutel. Motto: Was alle tun, kann für mich doch nicht falsch sein. Kann es aber doch.

➤ **Gegenstrategie:** Kühlen Kopf bewahren. Denken Sie einfach (und sagen Sie es Ihrem Gegenüber): »Was für die anderen toll ist, muss noch längst nicht zu mir passen.« Und so handeln Sie auch: Prüfen Sie immer genau, was für Sie das Richtige ist. Und danach richtet sich Ihre Entscheidung – nach sonst gar nichts.

Schluss mit den Killerphrasen

Selbst dann, wenn niemand etwas von Ihnen will, werden Sie manipuliert – von sich selbst. Dabei ist das Leben schon schwer genug. Es wird nicht leichter dadurch, dass Sie Killerphrasen benutzen, die Sie selbst schwächen. Werfen Sie diese Lähmfloskeln aus Ihrem Wortschatz. Sie werden sich wundern, wie viel das bringt.

»Ja, aber ich muss …«

Ja, ich würde gern mitkommen zur Vernissage, aber ich muss heute babysitten, hab ich versprochen …
Eigentlich sagen Sie: Sie tun nicht das, was Sie eigentlich möchten. Sie leben zerrissen, gehetzt, an Ihren Wünschen vorbei. Streichen Sie diese Phrase. Besser: »Ich will …«

»Okay, ich versuche …«

Das klingt nach Schwung. In Wirklichkeit sagen Sie: Sie tun zwar Ihr Bestes und reißen sich den Allerwertesten auf. Doch eigentlich gehen Sie zumindest fifty:fifty davon aus, dass Ihr Vorhaben scheitert. Tipp: Ersetzen Sie die Phrase durch ein konkretes »Ja«. Ist das Vorhaben dann immer noch realistisch? Nicht? Dann ersetzen Sie es durch ein konkretes »Nein«.

»Ich habe Sorgen, dass …«

Quatsch. Sie haben vielleicht konkrete Probleme. Die Sorgen machen Sie sich selbst. Wovor genau haben Sie Angst? Lässt sie sich bannen? Wenn die Furcht gerechtfertigt ist, dann gehen Sie lieber auf Abstand zum Projekt.

»Ich bin voll im Stress, aber die Zeit nehme ich mir …«

Unsinn. Sie haben Zeit oder Sie haben keine. »Zeit nehmen« bedeutet, sie abzuzwacken, wo sie nicht vorhanden ist. Dann ist das ganze Vorhaben Ballast, der Sie runterzieht, an Ihnen klebt. Tun Sie etwas in Ruhe oder verzichten Sie darauf. Mit voller Überzeugung.

tipp:

UND ZWISCHENDURCH EINFACH MAL ABHEBEN

Ein neuer Trend erobert die Welt: Rope Skipping. Neu? Na ja. Manche von uns kennen es noch als Seilchenspringen aus Kindertagen. Doch jetzt erlebt es eine Renaissance. Nichts macht den Kopf so herrlich frei, wirft so viel Ballast von der Seele. Heben Sie ab. Und zwar so:

- Stellen Sie sich mit beiden Füßen auf die Seilmitte. Die Griffe sollten bis unter die Achseln reichen (Seile können mit Knoten verkürzt werden, ohne dass der Schwung leidet). Halten Sie die Oberarme beim Springen eng am Körper. Die Schwungbewegung kommt nur aus dem Handgelenk.
- Springen Sie gerade so hoch, dass das Seil unter Ihren Füßen durchpasst. Lassen Sie die Beine beim Springen lang, in den Knien nur ganz leicht und weich federn. Landen Sie auf dem Fußballen und rollen Sie den Fuß bis zur Ferse ab.

Viel Spaß!

Knacken Sie Ihre inneren Blockaden

Sie stecken in uns allen. Hemmen uns, beschweren uns, knabbern Lebensenergie weg: innere Blockaden. Höchste Zeit, sie aus dem Weg zu räumen. Das klappt allerdings (nur dann) am besten, wenn Sie Ihre ganz individuelle Form des inneren Hemmschuhs erkennen und lösen.

Typgerechte Tipps

Typ 1: Der ewige Sieger

Ein Mensch wie ein Baum (zumindest innerlich). Wie Formel-1-Weltmeister Michael Schumacher. **Sein Motto:** Ich werde gewinnen, um jeden Preis. **Sein Problem:** Er kann auch nicht verlieren, beißt sich fest, verliert den Überblick über Situationen. Körperlich ist er im Hals-Nacken-Bereich angespannt und verkrampft.

➤ **Ballast-weg-Tipp:** Lassen Sie sich gehen. Machen Sie mal bewusst Fehler (über die Sie dann lachen). Reden Sie zum Beispiel fünf Minuten lang wirres Zeug.

Typ 2: Die Analytikerin

Sie paart hohe Intelligenz mit Sensibilität. Prototyp (gibt's in jeder Partei): Angela Merkel oder Renate Künast. **Ihr Motto:** Lass mich in Ruhe überlegen und komm mir dabei bloß nicht zu nahe. **Ihr Problem:** »Angst vorm Fliegen«. Sie reagiert auf Annäherungen oft misstrauisch. Hat überhaupt Probleme, Vertrauen aufzubauen. Manchmal kapselt sie sich ab. Nimmt man sie nicht ernst genug, kann sie ganz schön wütend werden.

Was uns innerlich hemmt und daran hindert, unbeschwert zu leben, ist Typsache. Der eine muss immer toll und Sieger sein, die andere ist lieb bis zur Selbstaufgabe ...

➤ **Ballast-weg-Tipp:** Arbeiten Sie langsamer, vorsichtiger. Versuchen Sie, den Kopf zu entlasten. Optimal dafür geeignet, speziell in Stress-Situationen: die »Zeitlupen-Übung«, Seite 29. Genießen Sie das Skurrile daran.

Typ 3: Mutter Teresa

Immer für alle da. Immer auf Wachposten für das Gute: Im Büro entlastet sie unauffällig die anderen, privat hütet sie die Bälger der Freundin, während die auf einer Champagnerparty tanzt. **Ihr Motto:** Ich bin für euch alle da.
Ihr Problem: Immer öfter beschleicht sie das Gefühl: »Wenn ich mal jemanden brauche, ist niemand da«. Das wirkt sich auch körperlich aus. Oft läuft sie herum, als sei die Luft rausgelassen.

➤ **Ballast-weg-Tipp:** Grenzen ziehen. Nehmen Sie sich zwei Abende der Woche als »Wellness«-Zeit. Dann tun Sie nichts als schmökern, in duftenden Ölen baden, herrlich schnulzige Oldies hören …

Typ 4: Der Spaßmacher

Ihn lieben alle. Besonders die Kinder. Aber auch alle anderen zwischen 3 und 103. Wenn er kommt, ist Stimmung angesagt: Immer ein Scherz auf den Lippen, immer eine lustige Anekdote parat, ist er zugleich ein Kommunikationsgenie. Kriegt in jeder Tischordnung die richtigen Paarungen zusammen. Prototyp: Harald Schmidt.

Motto: Bitte habt mich lieb.
Problem: Er leidet bitterlich, wenn ihn mal nicht alle lieben. Dann bekommt er trübe Gedanken, Spannungskopfschmerz, Magenschmerzen.

➤ **Ballast-weg-Tipp:** Weniger reden. Öfter Ruhe einkehren lassen. Verordnen Sie sich täglich nach der Arbeit eine Stunde Walking (oder Spazierengehen) – allein und ohne ein Wort zu sprechen.

tipp:

ÜBER DEN KÖRPER DEN GEIST ENTSPANNEN

Entspannungsmethoden können helfen, innere Blockaden aufzulösen. Eine bewährte Methode ist die Progressive Muskelrelaxation nach Jacobson. Das Prinzip: Muskelgruppen werden willkürlich angespannt – und wieder entspannt. Die Muskelentkrampfung wird über Nervenbahnen dem Gehirn gemeldet. Folge: Auch die mentale Verspannung löst sich allmählich.

➤ Nehmen Sie sich für die Übung eine halbe Stunde Zeit. Legen Sie sich bequem auf eine weiche Decke am Boden.
➤ Spannen Sie zunächst die Muskulatur des Gesichts an. Runzeln Sie zehn Sekunden lang heftig die Stirn – dann lösen Sie die Anspannung. Nach demselben Muster: Augenbrauen hochziehen – loslassen; Lippen spitzen wie beim Pfiff – dann relaxen.
➤ Dasselbe machen Sie mit den Händen: Fäuste ballen … mit der Oberarmmuskulatur … den Bauchmuskeln … den Beinmuskeln.
➤ Bleiben Sie anschließend einige Minuten entspannt liegen.

Atmen Sie die Seele frei

Ohne Essen können wir drei Wochen überleben. Ohne Wasser drei Tage. Ohne Luft drei Minuten. Bereits in der vierten Minute ohne Sauerstoff sterben die Gehirnzellen ab – unwiderruflich. Atmen ist Leben. Atmen ist aber auch Freiheit. Wer jemals an einem klaren Tag am Ozean entlangging, genüsslich die salzige Meeresbrise einatmete, die Lunge mit Seeluft blähte, den Kopf freipusten ließ, der weiß, was ich meine.

Atemübungen

Bestimmte Atemtechniken entsorgen Gedankenmüll sehr effektiv – und ganz automatisch. Finden Sie heraus, welche Übung Ihnen gut tut.

Yogi-Atmung

➤ Atmen Sie ein. Halten Sie mit einem Finger das linke Nasenloch zu. Atmen Sie langsam und ruhig über rechts aus und wieder ein.

Tiefes Atmen wirkt befreiend.

Halten Sie nun das rechte Nasenloch zu, atmen Sie links aus und ein. Abwechselnd jeweils zwanzigmal durch ein Nasenloch atmen. Diese Wechselatmung wird von indischen Yogis praktiziert – als Teil der Meditation, die den Geist von Lasten befreit.

Buckelwal

➤ Überkreuzen Sie Ihre Arme und beugen Sie den Oberkörper so weit, dass Sie auf Ihre Knie blicken. Machen Sie bewusst einen Buckel. Atmen Sie in dieser Stellung tief ein, spüren Sie die Spannung im Rücken. Dann atmen Sie mit einem hörbaren »Fffft…« kräftig aus. Wie ein Wal, ehe er auftaucht. Richten Sie sich dabei allmählich auf, und schwingen Sie am Ende der Ausatmung die Ellenbogen kräftig nach hinten, als wollten Sie eine Last abwerfen.

Durchflutet von Energie

➤ Stellen Sie sich aufrecht und locker hin, die Handflächen zusammen, die Fingerspitzen zeigen auf den Boden. Atmen Sie gleichmäßig, langsam, tief. Beim nächsten Einatmen stellen Sie sich vor, Sie würden Lebensenergie aus der Erde ziehen und sie über Ihren Atem in die Lunge aufnehmen. Lassen Sie Ihre Fingerspitzen dabei nach oben in Richtung Kopf wandern. Stellen Sie sich vor, wie die Luft-Energie den ganzen Körper durchflutet, in jede einzelne Zelle dringt. Atmen Sie langsam aus. Und der Kopf atmet auf, der Geist fühlt sich befreit.

Beziehungsballast abwerfen

Sehr erleichternd: Probleme klären, Streit beenden, Frieden schließen.

Es gibt unzählige Gründe, warum Partner sich in Beziehungen das Leben zur Hölle machen. Gemeinsam aber ist diesen Situationen: Das, was mal Liebe war, ist zum Ballast geworden. Unendlich traurig – aber es nützt nichts, die Augen davor zu verschließen. Wenn die Ursache des Beziehungschaos eine Verletzung (Klassiker: Seitensprung) ist, gibt es nur zwei Möglichkeiten, den Emotionsmüll beiseite zu räumen: Sie schaffen den schwierigen Drahtseilakt der Versöhnung wirklich – über alle emotionalen Klippen hinweg. Oder Sie trennen sich. Alles andere ist Augenwischerei.

Der Weg zur Versöhnung

Auf dem Weg zur Versöhnung sind drei Schritte unverzichtbar.

Gefühle nicht unterdrücken

➤ Unterdrücken Sie Ihre Wut, Ihren Hass, Ihre negativen Gefühle nicht. Mit Wut- und Gewaltvorstellungen versucht Ihr Unbewusstes, Rachegelüste zu befriedigen. In der Fantasie ist das okay – aber lassen Sie Ihre Wut nicht am anderen aus, das macht alles nur schlimmer.

Verletzung ausloten

➤ In manchen Fällen heilt eine seelische Verletzung kaum oder gar nicht. Dahinter können komplizierte, psychologisch erklärbare Ursachen stecken. Dann sollten Sie nicht zögern, professionellen Rat von einem gut ausgebildeten Psychotherapeuten in Anspruch zu nehmen.

Geben Sie sich einen Ruck

➤ Um wirklich zu verzeihen, müssen Sie sich einen innerlichen Ruck geben. Spüren Sie ehrlich in sich hinein: Gibt es einen Neuanfang, der nicht mehr von Schmerz überschattet ist? Wenn ja, dann bringen Sie das Thema auch nicht mehr auf den Tisch. Wenn nein: Beenden Sie diese Beziehung.

Fifty ways to leave your lover

Manchmal geht es einfach nicht mehr. Man geht sich nur noch auf die Nerven, redet aneinander vorbei. Der amerikanische Sänger Paul Simon hat ein Lied über die Wege der Trennung geschrieben. Ich habe seinen Thesen Noten gegeben.

➤ Just slip out the back, Jack: Note 5.
Einfach durch die Hintertür verschwinden? Der Weg für Feiglinge. Psychologen sagen: An derartigen Trennungen kauen beide besonders lang. Allerdings: immer noch besser, als sich bei x Treffen immer wieder anzuschreien. Deshalb keine Sechs.

➤ Make a new plan, Dan: Note 3.
Neue Pläne, das klingt super. Doch in Wirklichkeit muss zuerst ein Plan her, wie man die Trennung hinter sich bringt. Es ist wichtig, dass beide Partner die Verantwortung für die Trennung und auch für die Regelung der Zukunft übernehmen. Wer das nicht lernt, wird dieser Liebe ewig nachhängen. Danach bekommen »New plans« die Note Eins.

➤ You don't need to be coy, Roy: Note 2.
Nicht vorsichtig und rücksichtsvoll sein, sondern knallhart. Dafür eine Zwei? Deshalb: Es hilft beiden, Missverständnisse zu vermeiden. Ein ungeschminktes »Ich will und kann nicht mehr, es ist vorbei« ist besser als monatelanges Rumdrucksen.

➤ Just get yourself free: Note 1.
Stimmt haargenau. Wenn Trennung, dann konsequent. Auch nicht wieder anrufen, wenn der Sittich kränkelt, der Trockner streikt. Vorbei ist vorbei. Nehmen Sie das Foto von der Wand.

➤ Hop on the bus, Gus: Note 3.
Eigentlich nicht schlecht. Erst mal Urlaub, weg. Die Gedanken klären, die Emotionen ordnen. Allerdings: Wer nur Abwechslung sucht, wird merken, dass nach seiner Rückkehr auch der Schmerz wieder da ist. So leicht wird man ihn nicht los.

➤ You don't need to discuss much: Note 2.
Wenn die Beziehung schwächelt, sollte man intensiv darüber reden. Aber wenn sie vorbei ist, bringt es null, alles zum hundertsten Mal zu »bearbeiten«. Auskotzen sollten Sie sich lieber bei Freunden.

➤ Drop off the key: Note 4.
Den Schlüssel wegwerfen? Nach einer heftigen Affäre vielleicht. Aber nach einer echten Beziehung muss man Wege finden, sich auch künftig in die Augen sehen zu können, wenn man sich trifft. Das gilt dreimal, wenn Kinder beteiligt sind.

➤ She said, why don't we sleep on it tonight: Note 6.
Noch mal drüber schlafen? Allein, okay. Aber noch einmal miteinander ins Bett gehen: bloß nicht. Dann wird alles wieder aufgerissen. Tun Sie sich das nicht an.

Heilt alte Wunden: Das
Minotaurus-Prinzip

Vorsicht, Falle!

In manche »Fallen« tappen wir immer wieder. Sie, ich – wir alle. Denn es sind unsere ganz speziellen Fallen. Es gibt einen roten Faden in Ihrem Leben. Einen Faden, der direkt in die Falle führt. Aber auch wieder heraus. Deshalb kann er Ihnen den Ausweg zeigen, wenn Sie wieder im emotionalen Fangeisen feststecken. Sie müssen ihn nur erkennen – und Ihr Handeln und Ihre Gefühle entsprechend ändern. Das geniale Prinzip, das dies ermöglicht, heißt Minotaurus-Prinzip.

Sieg über den Minotaurus

Ein Faden hat Theseus einst das Leben gerettet. Auf Kreta hauste in einem Labyrinth der grausame Minotaurus, halb Stier, halb Mensch. Jedes Jahr musste Athen ihm 7 Mädchen und 7 Jungen opfern. Theseus, Königssohn aus Athen, erschlug schließlich das Ungeheuer. Den Weg zurück aus dem Labyrinth aber fand er an besagtem Faden – den ihm Ariadne, kretische Königstochter und sehr verliebt in ihn, wohlweislich mitgegeben hatte.

Auch in Ihrem Leben gibt es einen wegweisenden Faden, der Sie aus dem Labyrinth emotionaler Verstrickung herauslotsen kann. Entscheidend ist, zu erkennen: Wie hängen aktuelle Situationen mit biografischen Erlebnissen zusammen? Wenn Sie dies durchschauen, ist der erste Schritt getan, künftig befreiter, mutiger zu leben.

Ein Weg hinaus

1. Den Stachel finden

Eigentlich sind Sie doch stark und erfolgreich. Wenn aber Ihr Chef losbrüllt, könnten Sie nur noch heulen. Sie schrumpfen zum Kleinkind. Eigentlich sind Sie ein erotisch attraktiver Mensch. Aber wenn der Partner bestimmte Eigenschaften kritisiert, fühlen Sie sich wie vernichtet. Sind tagelang down. Das Ganze ist so vertrackt, weil die Ursachen der Verletztlichkeit sehr tief sitzen. Vermutlich haben Sie als Kind ähnliche Situationen erlebt. Damals waren Sie völlig wehrlos. Dieser Stachel sitzt bis heute tief und löst die aktuellen Probleme aus.

Nehmen Sie sich am kommenden Wochenende (solange, bis Sie fündig geworden sind) Zeit dafür, diesen Stachel aufzuspüren.

➤ Schließen Sie die Augen. Atmen Sie ruhig. Dann gehen Sie zurück in Ihre Lebensgeschichte. Wann trat dieses Gefühl, das Sie hilflos macht, zum ersten Mal auf? War es ein aggressiver, brüllender Lehrer, der Sie bis heute vor dem Chef kuschen lässt? War es eine lieblose Mutter, wegen der Sie bis heute Kritik oder Abweisung wie einen Albtraum erleben?

➤ Spüren Sie das alte Bild auf (das kann eine Weile dauern). Nehmen Sie es vor Ihrem inneren Auge mit allen Sinnen wahr: Der brüllende Erzieher, wie sah er ganz genau aus? Hatte er Falten oder eine Glatze? Wie klang seine geifernde Stimme? Roch er nach Rasierwasser?

2. Das alte Bild karikieren

➤ Verändern Sie nun dieses Bild, das Sie bis heute verfolgt. Heute sind Sie stark, selbstbewusst, dem Lehrer, der Mutter allemal überlegen. Gehen Sie ganz intensiv in die Situation. Konzentrieren Sie sich auf das unangenehme Gefühl, das die Situation auslöst.

➤ Und dann drehen Sie einfach am Erinnerungsknopf: Lassen Sie das Bild mit doppelter, dann dreifacher Geschwindigkeit ablaufen. So, als ob Sie einen Film schneller abspulen. Auf einmal klingt die Stimme des Lehrers wie die von Mickey Mouse. Er fuchtelt nicht mehr furchterregend mit seinen großen Händen, sondern er saust wie in einem Stummfilm durch das Zimmer und scheint mit seinen Armen geradezu nach einem Rettungsring zu rudern. Spüren Sie genau: Was ist jetzt aus dem unangenehmen Angstgefühl geworden? Ist der Lehrer nicht absolut lächerlich? Können Sie jetzt darüber lachen?

Seelische Verletzungen, die wir in der Kindheit erlitten haben, wirken bis ins Erwachsenenalter – und können jetzt geheilt werden.

3. Das aktuelle Bild erleben

Nun müssen Sie noch die aktuelle Situation umpolen.

➤ Gehen Sie auch an diese Situation ganz nah heran. Nehmen Sie mit allen Sinnen wahr: Inwiefern ruft der Chef die alten Ängste hervor? Wieso ähnelt er dem Lehrer so präzise? Wie sind seine Augen? Was gibt ihm die Aura von so viel Autorität?

4. Ein neues Bild installieren

➤ Jetzt gestalten Sie dieses Bild neu: Nehmen Sie ganz bewusst (zunächst in Ihrer Fantasie) einen grundlegend neuen Standpunkt ein. Fantasieren Sie sich in eine kraftvolle Stärke-Position, in der Sie ihm mutig Paroli bieten.

➤ Dann verändern Sie auch dieses Bild. Lassen Sie die Farben stärker leuchten. Stellen Sie sich intensiv vor, wie Ihre Stimme plötzlich aus dem besten Dolby-Surround-System der Welt klingt: glasklar, unwiderstehlich. Spielen Sie mit diesem neuen inneren Bild. Lassen Sie die Stimmen auf- und abschwellen. Wichtig: Sie bleiben immer siegreich.

Ballastfrei im Alltag

Jetzt haben Sie wirklich viel erreicht. Sie werden künftig leichter, einfacher und befreiter leben. Nun gilt es, die neue Leichtigkeit des Seins zu genießen und zu bewahren. Dazu zunächst noch ein paar kleine Alltagstipps.

Damit es so bleibt

➤ Ruheinseln

Einmal täglich aufrecht hinsetzen und die Augen schließen. Auf die erste Silbe des Wortes »Ru-he« tief einatmen, auf die zweite Silbe tief ausatmen.
Und legen Sie mindestens alle zwei Wochen Ihren ganz individuellen Ruhetag ein. Ein (Wochenend-)Tag, an dem Sie auf Radio, Fernsehen, Tageszeitung, Internet, Handy verzichten.

➤ Glücksmomente

Optimismus kann man lernen. Schreiben Sie jeden Morgen eine Mini-Liste der Dinge, die Ihnen gestern gut gelungen sind. Daneben eine Kurzliste von Kleinigkeiten, die Sie ärgern. Ändern Sie täglich eine (nur eine!) davon.

➤ Die Farbe Gelb

Gelb regt die rational-intellektuelle Hirnhälfte an, erfrischt den Geist. Eine gelbe Fläche über dem Schreibtisch (Klassiker: van Goghs Sonnenblumen) fördert die Konzentration und damit die Leichtigkeit der Gedanken.

➤ Haste Töne?!

Ersetzen Sie Ihren nervigen Handy-Signalton durch ein angenehmes Musikstück. Bach entspannt unvergleichlich (Infos zu Klingeltönen gibt's bei Handy-Providern).

➤ Abendspaziergang

Machen Sie dies zu Ihrem Ritual. Atmen Sie ganz tief, ruhig, bewusst – konzentrieren Sie sich auf Ihre Atemzüge. Der zusätzliche Sauerstoffkick pustet Grübelgedanken vor dem Schlafen aus dem Kopf.

Innercise-Weekend

Freitag

➤ 18.00 Sanft runterschalten
Gehen Sie allmählich auf Distanz zum Alltag. Telefon aushängen, Klingel abstellen.

➤ 19.00 Schluss-Strich
Ziehen Sie in einer ruhigen Ecke mit einem Notizblock eine kurze Wochenbilanz: Was war gut, wann fühlten Sie sich unwohl? Dann schließen Sie den Zettel weg. Jetzt sind Sie nur noch für sich da.

➤ 20.00 Einfach atmen
Setzen Sie sich auf den Boden (möglichst auf einen weichen Teppich). Atmen Sie tief bis in den Bauch ein, tief wieder aus. Beobachten Sie, wie Ihr Atem fließt.

➤ 21.00 Duftes Bad
Rekeln Sie sich genüsslich in einem warmen Wannenbad (35 °C) mit duftenden Ölen: Rose, Lavendel, Melisse (wirken entspannend). Wenn Sie schläfrig werden, ab ins Bett – endlich mal rundum ausschlafen ist angesagt.

Samstag

➤ 10.00 Hallo wach!

Bester Start in den Tag: Noch im Bett genüsslich rekeln – dabei gehen Impulse von den Muskeln zum Gehirn und schalten den Kopf auf wach.

➤ 10.30 Wasserspiele

Duschen Sie genüsslich in aller Ruhe. Cremen Sie sich danach mit einem duftenden Körperbalsam ein.

➤ 12.00 Jetzt aber raus!

Bei einem ausgiebigen, strammen Spaziergang bekommt Ihr Gehirn einen Sauerstoffkick plus eine (stimmungsaufhellende) Portion Licht.

➤ 15.00 Schreibstunde

Schreiben Sie sie auf: lang gehegte Träume, prickelnde Ideen … Lassen Sie Ihre Fantasie aus dem Käfig.

➤ 20.00 Traumreise

Kuscheln Sie sich gemütlich auf die Couch, schließen Sie die Augen und machen Sie eine Traumreise zu Ihrer Lieblingslandschaft (Anleitung Seite 17). Mit den wohligen Bildern im Kopf gehen Sie später schlafen.

Genießen, träumen, einfach leben – das Innercise-Weekend bietet ein Füllhorn voll Ich-Zeit mit schwerelosem Hängematten-Feeling.

Sonntag

Nach ausgiebigem Stretching und Duschen (wie am Samstag) werden Sie aktiv:

➤ 12.00 Sauerstoffkick

Bei einer Fahrradtour zu einem lohnenden Ziel (Burg, See, Biergarten …) kommen Sie in Bewegung und durchfluten den Kopf mit Sauerstoff. Wer nicht gern radelt: Wie wär's mit Power-Walking durch den Park? Danach:

➤ 14.00 Nickerchen

Jetzt rutscht der Biorhythmus in ein Tief. Tanken Sie mit einem Nickerchen neue Kraft.

➤ 15.00 Bunte Bilder

Gönnen Sie Ihren grauen Zellen ein paar farbige Eindrücke. Gehen Sie in die Ausstellung, die Sie schon lange besuchen wollten. Danach: Eis essen, faulenzen … vor sich hin träumen …

➤ 20.00 Fortsetzung folgt

Bereiten Sie sich mental auf den nächsten (Arbeits-)Tag vor. Bauen Sie in Ihren Zeitplan fest kleine Ruheinseln ein, in denen Sie kurze Entspannungsübungen machen oder zwischendurch auf Traumreise gehen.

Gesucht – gefunden

Hilfreiche Adressen und Websites

ORG. Loseblatt-Zeitschrift zu allen Fragen des Selbst- und Zeitmanagements.
Verlag für die Deutsche Wirtschaft AG
Theodor-Heuss-Straße 2-4
D-53177 Bonn
www.org-online.de

Simplify your work. Der monatliche Newsletter gibt Ballast-weg-Tipps und Ratschläge zu Gelassenheit durch bessere Organisation. Zu beziehen beim Verlag für die Deutsche Wirtschaft (s.o.) oder online unter
www.smart-working.de

Seiwert-Tipp. Newsletter mit praxisrelevanten Tipps für bessere Zeiteinteilung und Selbstorganisation. Wöchentlich und kostenlos unter: *www.seiwert.de*

Zeit zu leben. Ein weiterer, wöchentlich erscheinender und kostenloser Online-Newsletter mit Tipps für bessere Alltagsorganisation und höhere Lebensqualität: *www.zeitzuleben.de*

Checkletter. Ein im 14-Tages-Rhythmus erscheinender elektronischer Newsletter mit vielen nützlichen Tipps dafür, wie Sie Ballast durch clevere Organisation Ihres Alltags abwerfen.
www.checklisten.com

Weitere Online-Infos zum Ballast-Abwerfen unter

www.simplify.de
www.coaching-briefe.de
www.weg-vom-stress.de
www.anti-stress.ch
www.fengshui-hausdoktor.de

Buchtipps

Baur, Eva G. / Schmid-Bode, Wilhelm: *Glück ist kein Zufall*. Gräfe und Unzer Verlag
Kingston, Karen: *Feng-Shui gegen das Gerümpel des Alltags*. Rowohlt Taschenbuchverlag
Küstenmacher, Werner Tiki / Seiwert, Lothar: *Simplify your life*. Campus Verlag
Lambrou, Peter / Pratt, George: *Emotionales Selbstmanagement*. Beust Verlag
Luhrs, Janet: *Lebe einfacher!* Knaur Verlag
Rusch, Alex S. / Bühler, Ferris A.: *Tue im Leben, was Du wirklich willst*. mvg Verlag
Sator, Günter: *Feng Shui – Leben in Harmonie*. Gräfe und Unzer Verlag
Schwebke, Frank: *Der Weg zum Superhirn*. Gräfe und Unzer Verlag
Scrivner, Jane: *Detox Your Mind*. Piatkus books, London
Seiwert, Lothar: *Das Bumerang-Prinzip: Mehr Zeit fürs Glück* und *Das Bumerang-Prinzip: Don't hurry, be happy*. Gräfe und Unzer Verlag
Vester, Frederic: *Denken, Lernen, Vergessen*. dtv

Weitere Bücher zum Thema »Loslassen, Ballast abwerfen«:

Grasberger, Delia: *Autogenes Training* (Übungskurs mit CD). Gräfe und Unzer Verlag
Grillparzer, Marion: *Fatburner – So einfach schmilzt das Fett weg* und *Die magische Kohlsuppe*. Gräfe und Unzer Verlag
Johnen, Wilhelm: *Muskelentspannung nach Jacobson*. Gräfe und Unzer Verlag
Langen, Dietrich: *Autogenes Training*. Gräfe und Unzer Verlag
Lützner, Hellmut: *Wie neugeboren durch Fasten*. Gräfe und Unzer Verlag
Sesterhenn, Birgit: *Entschlacken 1x pro Woche*. Gräfe und Unzer Verlag

Sachregister

Über den Autor

Dr. med. Frank R. Schwebke ist promovierter Arzt mit klinischer Weiterbildung auf den Gebieten Neurologie und Psychiatrie. Nach seiner journalistischen Ausbildung (dpa) arbeitete er unter anderem als Ressortleiter der Bertelsmann Verlagsgruppe, als Korrespondent der FAZ sowie als Chefredakteur der Zeitschrift »Gesundheit«. Frank R. Schwebke lebt als freier Wissenschaftsjournalist und Autor der Zeitschrift »Bunte« in München.

GRÄFE UND UNZER

Ein Unternehmen der
GANSKE VERLAGSGRUPPE

Wichtiger Hinweis

Die Ratschläge des vorliegenden Buches wurden sorgfältig recherchiert und haben sich in der Praxis bewährt. Alle Leserinnen und Leser sind jedoch aufgefordert, selbst zu entscheiden, ob und inwieweit sie die Anregungen aus diesem Buch umsetzen wollen. Autor und Verlag übernehmen keine Haftung für die Resultate.

Bildnachweis

Corbis: Seite 1, 2 unten, 4, 7, 11, 12, 14, 16, 18, 21, 25, 28, 35, 39, 40, 43, 45;
GU/Manfred Jahreiß: Seite 2 oben, 22;
IFA: Seite 3 oben, 9, 27;
Mauritius: Seite 30;
Zefa: Umschlagbild, Seite 32, 37

Impressum

Redaktionsleitung: Ulrich Ehrlenspiel
Redaktion: Reinhard Brendli
Lektorat und Gestaltung: Felicitas Holdau
Layout: Heinz Kraxenberger
Umschlag: Independent Medien-Design
Herstellung: Helmut Giersberg
Lithos: W & Co., München
Druck/Bindung: Alcione, Trento

ISBN 3-7742-6043-5

Auflage	5.	4.	3.	2.
Jahr	07	06	05	04